ムサシと武蔵

MUSASHI

鈴木武蔵

徳間書店

プロローグ

僕の名前は「鈴木ムサシ」、日本の小学校3年生。

でもね、ちょっと何かが違うんだ。鏡に映る自分の姿は変わらない。僕はずっとこの姿なのに、最近、みんな、おかしな反応をする。

「ハンバーグ」

「真っ黒」

「フライパン」

「ウンコ」

僕のことを、そういってモノのように呼ぶ子どもたちがいるんだ。

なんでなんだろう？　僕も同じ人間なのに。

そう言われたときは、頑張って笑顔をつくるんだ。けれど、1人でいると涙が出てしまう。学校から家までの帰り道。涙でにじんで前が見えなくなるときがある。

そんなとき、僕は立ち止まって、電信柱の影に隠れて泣くんだ。そして、家の前に来ると涙を止めて、笑顔で「ただいま！」と言う。

そして、次の日の朝、また「行ってきます！」と笑顔で出かける。

通学路ですれ違う人たちの視線が気になるし、学校に行けば、また人間ではなく、モノで自分を表現される。それを笑顔でやり過ごす――。

それが、僕の日常だった。

僕は僕で変わりはないのに、鏡に映る僕は、僕でないように見えた。通学路を歩いていても、街を歩いていても、学校にいても。

僕から見えるみんなは同じで、僕もそのなかの1人だと思っていた。

でも、みんなから見ると僕だけが違っているみたいだった。

鏡を見るたびに、だんだんとそれがわかるようになった。6歳のときに日本に来てからずっと違和感があったけど、そのときはまだ小さかったから何も思わなかった。

3年生になって、ずっとあった違和感の正体がようやくわかった。

僕だけは肌の色が黒い。みんなは同じ色なのに、僕だけが違っていた。

「僕って日本人じゃないの？」

「僕だって同じ日本人だよ！」

この二つの思いが、僕の心にあふれるようになった。

そして、いつしか僕は、

「日本人になりたい！　周りと同じ色になりたい!!」

と本気で思うようになった。

どうやったらみんなのように白くなれるんだろう？　黒い肌をこすれば白くなるかもしれない。おばあちゃんの鏡台にある「シッカロール」を塗れば、白くなれるはずだ！

でも、結局、ダメだった。僕はどうすればいいんだろう。なんで、僕のお母さんは白いんだろう。頑張ったら、黒から白になれるのかな。

ある日、僕はお母さんに話した。

「お母さん、僕も白くなりたい！　この色、嫌だよ!!」

そう言った瞬間、ハッとした。

お母さんが、今まで見せたことがないような表情をしたからだ。

いつも笑顔であふれているお母さんが、困っているような、驚いているような、うまく表現できない複雑な顔になった。

僕は言ってはいけないことを言ってしまったのか。

子ども心にそう思っていると、お母さんは僕の両肩にそっと手を添えて、まっすぐな視線で、優しく口を開いた。

「むっちゃん。あなたはそのままでいいのよ。お母さんはそのままのむっちゃんが大好きだから」

自然と涙が頬をつたった。

「お母さんにこんなことを言わせてはいけない」

僕はこの瞬間、そう決意をした――。


２０２０年８月、僕は６歳からずっと過ごした日本を離れ、ベルギーのアントワープという街にやってきた。２０２０―２０２１シーズンから、アントワープに本拠地をおくＫベールスホットＶＡというチームでプレーをすることになったんだ。

２０１２年にアルビレックス新潟に加入して以来、プロサッカー選手としてのキャリアを歩んできたけど、ずっと願っていた「海外でサッカーをしたい」という思いを、26歳のときにようやく実現することができた。

最初は、いきなりやってきた日本人である僕に、周りの目も懐疑的で冷ややかだった。

でも、僕は知っていた。サッカーで実力を示せば、人間として明るく振る舞えば、絶対に自分のことを認めてくれる人間が現れることを。

「絶対に俺は負けない。俺は日本人の鈴木武蔵として、ここで結果を出してステップアップするんだ」

僕の心には、強い信念があった。

それは、僕のなかの強固な柱であり、日本人とジャマイカ人のハーフとして生きてきた僕の財産だと、今、自信をもって言うことができる――。

目次

第5章 プロの世界 103

第6章 再び異国の地へ

第1章

カリブ海に生まれて

大自然の中で

1994年2月11日。僕はジャマイカのリゾート地、モンテゴベイで、日本人の母親、真理子と、ジャマイカ人の父親、ロバート・ハミルトンとの間に生まれた。

名前は、ムサシ・ロブマー・ハミルトン。

ムサシという名前は、お母さんが大好きな「宮本武蔵」のようにたくましく、日本人の精神をもって成長してほしいという願いを込めたという。

僕はジャマイカの広大な自然の中で育った。家の周りにはだだっ広い荒野があり、ちょっと行けば綺麗な川や滝、そして澄んだ青い海があった。

日本のように住宅が密集しているわけではなく、電車も走っていない。

おもちゃも豊富にあるわけではない。そのぶん僕は、大自然の中を友達と一緒に走りまわっていた。

海はとくに綺麗だった。

砂浜で走りまわって、家に帰って疲れ果てて寝る。照りつける日差しに、澄んだ青い空。本当に雄大な自然に包まれていた幼少時代だった。

僕の家は周りの家から見ても裕福なほうだった。

お母さんはジャマイカで日本食レストランを経営し、お父さんはお母さんの支援を受けて、地元の滝登り用の靴を製造販売する会社とバス会社を立ち上げ、２人とも経営者をやっていた。

ボディビルダーでもあったお父さんは、身長１８０センチメートルオーバーの筋肉質な人だった。

僕の運動神経はきっとこのお父さんから引き継がれたのだと、成長するにつれて思うようになった。

お父さんもお母さんも忙しく、家にいることが少なかった。なので、インド系の移民である家政婦のヘイゼルが、僕のそばにいてくれる存在だった。

「ムッチャ〜ン、今日は何して遊ぼうか？」

ヘイゼルは僕のことを「ムッチャン」と呼んでくれる。そして、いつも僕のことを抱きしめてくれた。

そして、ときには叱ってくれたり、遊び相手になってくれたりと、僕にとって大好きな人だった。

ヘイゼルはいつも明るくて、両親がいなくても、彼女がつねに僕の周りを明るく照らしてくれた。

だから、僕はジャマイカでの生活に何の不満もなく過ごしていた。

ジャマイカでの暮らし

僕が3歳のときだった。突然、お父さんが家からいなくなった。

「あれ、お父さん、どうしちゃったんだろう？」

でも、不思議と寂しいとか、悲しいとかの感情はなかった。だって、僕にはお母さんとヘイゼルがいる。周りの友達を見ても、父親がいない子どもは多かった。

そんなある日、お母さんが僕の弟を妊娠したことがわかった。数日後、新たな男の人が家にやってきた。

「ムッチャン、よろしくね」

その人が何者かわからなかったけど、すぐに怒って罵声を浴びせてくるお父さんとは違っていた。その人は優しく、穏やかな人だったから、僕は違和感なく、その人とお母さんとヘイゼルの4人での生活をスタートさせた。

しばらくして、弟が生まれた。僕はヘイゼルとともに弟の面倒を見ながら、楽しく過ごしていた。

でも、2人とも戸籍上の父親はいなかった。あとから聞いた話だが、ジャマイカでは子どもが生まれてからも籍を入れない人が多いという。兄弟で父親が違うことも珍しくはなかった。

そういう文化もあって、僕は違和感をもたなかった。むしろ、僕のなかでお父さんがいつもいることが、不思議だったくらいだ。

そして、ジャマイカでは５歳になると小学校に通うようになる。

僕も近所の友達と乗り合いのタクシーで学校に行く日々を送った。なぜ、タクシーなのかというと、治安が悪いからだ。お母さんからお昼ご飯用のお小遣いを渡されて、タクシーに乗って学校へ行き、教室で授業を受けた。

学校のグラウンドは仕切りのない荒野の中にあり、遊具はなく、僕らは休み時間に飲み物の紙パックを丸めて、それをボールに見立ててサッカーをやっていた。

１９９８年、僕が４歳のとき、ジャマイカはフランスで行われたＦＩＦＡワールドカップに初出場した。

その影響で、サッカーがジャマイカで人気スポーツになっていたこともあり、子どもたちがサッカーをする機会が急増した。僕もその流れで、自然とサッカーをするようになった。

もちろん、ボールなんて蹴ったことがなくて、紙パックばかり蹴っていたけれど、それが本当に楽しくて、充実した時間を過ごせていたんだ。

ところが、ジャマイカでの時間は、突然、終わりを迎えた。

第2章

日本の土を踏む

小学校入学

2000年2月、僕は飛行機に乗っていた。

「また日本に行くんだ、楽しみだなあ」

ジャマイカで生まれてから2、3回は日本に行っていた。今回も少しの期間だけ行って、またジャマイカに帰ってくると思っていた。

でも、今回はいつものお母さんとは様子が違う。

「むっちゃん、いい？　これからマミーと弟と日本で住むことになるの。おじいちゃんとおばあちゃんの家で生活をするのよ」

何を言っているのかはよくわからなかったけど、隣の席にはお母さんと弟がいる。飛行機に乗っている時間は長いけど、窓の外には、いつも見上げていた雲が見える。不思議な気分だけど、なんだか心はワクワクしていた。

でも、こっそり隣を見ると、お母さんは泣いていた。

「何で泣いているんだろう？　悲しいことでもあったのかな」

やっぱり、お母さんは様子がおかしい。でも、そのときは日本に行くことへのワクワクする気持ちのほうが強かったんだ。

飛行機が日本の上空に来たとき、下を見ると家がいっぱいあった。日本はジャマイカと違い、いろんなものがあるなと、いつも感じていた。ジャマイカは広大な荒野というイメージだけど、日本は道も綺麗だし、走っている車も綺麗だし、いろいろなことが違った。

ワクワクしながら成田国際空港に着くと、入国ゲートでおじいちゃんとおばあちゃんが待っていた。

おじいちゃんとおばあちゃんは、僕が話す言葉を話さない。お母さんがジャマイカでたまに話す言葉を話すから、何を言ってるのかわからなかった。

「むっちゃん、飛行機でも言ったけど、今日からおじいちゃんとおばあちゃんと、私たちで住むのよ」

今日から？　住む？　すぐには理解できなかった部分もあった。でも、僕は「お母さんがいれば大丈夫」と思っていた。

「うん、ここで住むんだね！」

このときから、僕の人生は少しずつ変わっていった。

日本に来て数日後のことだった。お母さんは、こう僕に話した。

「むっちゃんは、これからは『すずきむさし』なんだよ。『すずき』がファミリーネームで、『むさし』がファーストネーム。漢字では『鈴木武蔵』と書くのよ」

僕はもうムサシ・ロブマー・ハミルトンではなく、すずきむさし。

おじいちゃんとおばあちゃんが言っていることも、日に日に理解できるようになってきたし、お母さんも僕がスムーズに日本語を習得できるようにと、小学校に上がるタイミングで日本移住を決めたことが理解できるようになっていった。

日本での生活は、目に映るものすべてが新鮮だった。

でも、周りから見ると、僕自身も「目新しい」「見慣れない」存在だった。お母さんと一緒に買い物に出かけても、人の視線を感じた。ジロジロと顔を見られた。

「僕の顔に何かついているのかな？」

思わず顔を手で払った。

そんな違和感を覚えながら、２０００年4月、僕は群馬県の太田市立韮川西小学校に入学した。

入学式の日、お母さんと一緒に小学校に行くと、僕と同い年の子たちがたくさんいた。

「楽しそう」と僕の心はワクワクしていた。でも、お母さんの表情はちょっとだけ硬いように見えた。

「どうしたんだろう？」と思いながらも入学式を終え、クラス分けされた教室の指定された場所に座って先生の話を聞いていた。すると突然、お母さんが教室の黒板の前に立った。

「こんにちは、『鈴木武蔵』のお母さんの真理子です。実はね、みんなに言っておきたいことがあるんです。武蔵はみんなと違って肌の色が黒いの。なぜかというと、日本人の私と、ジャマイカという遠い国のお父さんから生まれたので、みんなと色が違うの。でも、何も変なことじゃないから、これからよろしくお願いします！」

僕のなかでは、なぜそんなことをお母さんが言うのかがわからなかった。

でも、先生も「みんな、武蔵くんをよろしくね」と話し、みんなも「はーい！」と返事をしてくれた。こうして僕の学校生活がスタートをした。

同級生からのいじめ

1年生の頃は、みんなまだ無邪気で、何も考えずに仲良く遊んでいた。

でも、3年生に上がったあたりから、周りの反応が変わっていった。

「みんな、遊ぼうよ！」

ある日、僕がクラスメイトに声をかけると、こう返された。

「ああ、ムサシか。お前、入ってくるなよ」

ショックだった。今まで仲良く遊んでいたはずの友達から、急に冷たい態度をとられたからだ。

「何で？　僕、何か悪いことをしたかな」

その日から僕の周りは急に冷たくなった。休み時間も放課後も、僕のそばから人がいなくなった。

「おーい、ハンバーグ！」

最初は誰のことを言っているのか、わからなかった。

「お前だよ、お・ま・え。ハンバーグみたいな色してるの、お前だけだろ。でも、ハンバーグと言うよりウンコだな！」

キョロキョロしている僕に、言葉はまるで石のように次々と投げつけられた。

「え、僕のこと？」

顔を上げると、僕に指を差している同級生がいた。

「お前、汚いから遊びたくないんだよ」

悲しみよりも、怒りが湧いた。

「ふざけるな！」

僕は思わずそいつに飛びかかった。クラスは騒然とし、僕は先生に止められた。

「両方悪い！」

僕は納得いかなかったが、そう言われてしまい、その場はいったん収まった。

そして、その出来事をさかいに、同級生たちとの距離がどんどん遠くなっていくのがわかった。それが僕にとって一番嫌だった。

言葉の投石は、さらにエスカレートしていった。

「お前、ハンバーグよりも大きなフライパンだな」

「うっわ、黒。黒くて黒板かと思ったよ」

心ない言葉の石が、次々に浴びせられた。

ときを同じくして、僕はサッカーチームでもいじめられるようになった。

そもそもサッカーを始めたのは、小学校2年生のときに、近所の友達に誘われて、韮川西小学校サッカースポーツ少年団に体験入部したことがきっかけだった。

当時の僕は、サッカーにそこまで興味があったわけではなかった。ジャマイカでは荒野で紙パックを蹴るか、砂浜を走りまわることくらいしかしていなかった。

なので、日本では運動さえできればなんでもいいと思っていた。

もし、最初に誘ってくれたのが野球だったら野球をやっていたかもしれないし、バスケットボールだったらバスケットボールをしていたかもしれない。

サッカーを本格的に始めた僕だったけど、学校だけでなく、サッカーチームでも無視をされたり、グループでのパス回しに僕だけ入れてもらえなかったり、肌の色のことを揶揄されたりするようになった。

最初は意味がわからなかったし、悔しくて、悔しくて、ときにはいじめっ子に歯向かっていったこともあった。

でも、僕が反抗すればするほど、彼らのいじめはエスカレートしていった。

そして、僕はこう思った。

「これ以上、自分が反抗すれば、もっともっと自分の立場がつらくなっていく。もう反抗せずにおとなしくしておこう。そうしておけば、そのうち、あいつらも飽きるだろうから」

感情をぶつけ合って喧嘩をしたり、言い争ったりすることは、何もメリットがない。むしろデメリットしかない。そこから僕は、何を言われても沈黙するようになっていった。

理髪店での出来事

追い討ちをかけるように、さらにショッキングな出来事があった。

ちょうどいじめにあっているときに、僕はおじいちゃんと一緒に近所の理髪店に行った。

ジャマイカではヘイゼルに髪を切ってもらっていた。日本に来てからはおじいちゃんに切ってもらっていたから、このとき初めて理髪店というところに行ったんだ。

そこは個人経営の小さなお店だった。ちょっと緊張しながら、おじいちゃんと手をつないでお店に入ると、早速、髪よけ用の白い布を体にかけてもらい、大きな鏡の前にある椅子に座った。

椅子に座ると、白い布に黒い僕の顔が浮き出ているように見えた。

みんなが馬鹿にする僕の黒い顔。鏡に映るその姿を見るのが嫌で嫌で、僕は目をつぶっていた。すると、店主がおじいちゃんに話している内容が聞こえてきた。

「この子の髪の毛のくるくる具合はすごいねえ。こんなにくるくるだと、料金は高くなりますよ」

目を閉じた真っ暗な世界。その世界に飛び込んできたこの言葉は、僕の心の奥底まで突き刺さった。

「すみません、高くなってもいいのでお願いします」

「わかりました。で、どんな髪型にしましょうか?」

「もう全部短く切ってください」

店主とおじいちゃんの会話の一つひとつが、僕にとってはつらかった。店主が僕の髪を切り始めたけど、僕の心はギュッと締めつけられていた。

「早く帰りたい! 早くここから出たい!!」

僕はつぶった目にさらに力を入れた。背筋を伸ばし、白い布の下の両手の拳をぎゅっと握りしめていた。

「僕のせいだ、僕のせいなんだ。僕がみんなと違うから、この人もおじいちゃんも困っているんだ」

髪を切られているあいだ、僕はずっと全身に力が入ったままだった。両手の掌は汗びっしょりで、「この場から消えていなくなりたい」とずっと思っていた。鏡に映っているだろう自分の姿を、僕は最後まで見ることができなかった。

「はい、終わったよ。どう?」

そう言われると、僕は鏡を見ずに「ありがとうございます」とだけ言って、おじいちゃんのもとへ駆け寄った。そして、会計をしているおじいちゃんの後ろで、僕の心は締められたままだった。

「もう二度と髪を切りになんか行かない」

帰り道、僕の思いをおじいちゃんも察してくれたのか、その日から再び、僕の髪は中学を卒業するまでおじいちゃんが切ってくれた。

毎朝、鏡の前に立ってみると、そこには僕がいる。いつもと変わらない僕がいる。

お母さん、おじいちゃん、おばあちゃんとは肌の色が違う。僕と弟は黒いけど、３人とも白い。僕にとっては、３人の白さは違和感がなかった。なぜならば、それは僕が生まれたときからの日常だったからだ。日本で僕が見る世界は、この３人と同じ人たちがたくさんいるという印象だった。

でも、周りからすると、僕は「異質」に映るようだった。そしてそれが許されることではなかったようだ。

僕の目から見える世界は、ジャマイカで生活していたときから変わらない。もちろん、文化や風景は違うけど、僕が僕であることには変わらない。

なのに、ジャマイカのときにはまったくなかった人の視線や、自分に対する否定的な言葉によって、僕は自分自身に大きな疑問を抱くようになった。

「僕は黒いからダメなんだ。白くなれば、こんな視線や言葉を浴びなくていいんだ。白くなりたい。どうやったら、僕はみんなのように白くなれるんだろう」

僕は必死で考えた。「何で僕だけ見た目が違うの？」と、自分自身に疑問の目を向けた。でも、どんなに考えても答えは生まれてこない。

思い立った策が、「シッカロール」を全身に塗りつけるという行為だった。

でも、シャワーで「シッカロール」を落としていくと、床のお湯の色は白くなっていくのに、鏡に映る自分は、みるみるうちに黒くなっていく。その現実に絶望感が襲った。工夫をしても、何をしても、鏡に映る僕はどうしても変えられない。

そして、次の日の夜になると、「もしかしたら、しばらく続ければ効果が出てくるかもしれない」と、また全身に「シッカロール」を黙々と塗っていた。

「むっちゃん、そんなことをしなくてもいいんだよ」

お母さんは何度も僕の肌の色のことを肯定してくれる。

でもね、お母さん、違うんだ。お母さんは好きかもしれないけど、僕の周りの人間のなかには、好きじゃない人もいるんだよ。僕のことを変だという人がいるんだ。それが嫌なんだ。

僕は何も悪いことをしていないんだよ。白くなろうとこんなに努力しているんだよ。でも、その人たちは僕のことを認めてくれないんだ。僕のなかで自分は武蔵だけど、周りから見た僕は「ムサシ」のままだった。

認められる喜び

ただ、そのなかでも唯一、誰もが認めてくれることがあった。

それは、かけっこだった。

僕はジャマイカで幼少の頃からよく走っていた。ジャマイカでも、かけっこだけは誰にも負けなかった。日本に来ても、僕の足の速さは、唯一誰もが認めてくれることだった。お父さんから受け継いだ身体能力は、僕にとって強みだった。

そして、その足の速さは、サッカーでも生きた。強いチームではなかったけど、その足の速さを生かして、しだいに活躍することができるようになった。

「ムサシは本当に足が速いな！」

そう言われることが、僕にとっては大きな光だった。かけっことサッカーの試合のときだけは、僕の肌の色は関係なくなる。

学校生活でうまくいかないことがあっても、走ったり、ボールを追いかけたりしているときだけは、そんなことを忘れて夢中になれる。

一緒にサッカーをする仲間も、しだいに僕の力を認めてくれて、僕を異質と思わずに接してくれるようになった。

学校でいじめは受けているけど、グラウンドに立てばそんなことは関係ない。僕がゴールを決めればパスが来るようになる。僕は自分のスピードを生かしてドリブルをして、ゴールを決めることに集中すればいい。

「もっとゴールを決めたい！　もっと周りに認められたい!!」

だから僕は、サッカーの練習だけは、何があってもサボらなかった。自主トレを繰り返して、サッカー漬けの毎日を送ったんだ。

このときの僕には、1人のアイドルがいた。

サッカーフランス代表で、当時、イングランド・プレミアリーグ、アーセナルFCのエースとして活躍していた、ティエリ・アンリだ。

アンリに憧れていたのは、ちょうど僕が小学校3年生でどん底にいるときに、アンリがいるアーセナルが、プレミアリーグで無敗優勝という圧倒的な成績を残していたからだ。

そのなかでアンリは、大きくて、速くて、うまくて、誰よりも点を決めていた。その姿に、僕はすっかり虜になった。

アンリを好きになったのには、もう一つ理由がある。それは肌の色だった。

アンリはカリブ系のフランス人で、肌の色が黒かった。グアドループというカリブ海に浮かぶ西インド諸島の島国がルーツで、僕のルーツであるジャマイカとも距離が近かった。

肌の色が黒くて、背が高いところに憧れた。ほかにもいいストライカーはたくさんいたけど、僕は勝手にアンリに自分を重ねて見ていた。

「僕もここまでサッカーがうまくなったら、アンリのように世界中から認められるのかな。僕もアンリのように周りから認められる選手になりたいな」

ずっとそう思っていた。サッカーは僕にとって自分を表現する大切な場所になり、より大好きなものになっていった。

それでもサッカーの練習試合や公式戦になると、相手チームの選手からは、

「この黒いやつ、なんだ？」

「変なやつがいるぜ」

「この顔で鈴木かよ（笑）」

「お前、見かけ倒しだな」

などと言われたりすることもあった。

でも逆に、その言葉は僕の負けず嫌いの心に火をつけた。

「サッカーでは絶対に負けちゃいけない！」

それに、チームメイトは、僕が速く走れば走るほど、チームのために頑張れば頑張るほど、笑顔を見せてくれる。仲間として受け入れてくれる。

見た目に関係なく、僕は認められる存在になれるんだと思えた。

心の殻

サッカーに夢中になる一方で、僕の心には大きな「殻」が形成され始めていた。

「自分が大きなリアクションをしなければ、周りは僕のことを受け入れてくれる」

学校でどんなに腹が立つことがあったとしても、その感情を表に出した瞬間に、周りは僕のことを、さらに「異質」なものとして見てしまう。

反論するんじゃなくて、受け流しながら笑顔を保つことで、周りの人間は僕にそれ以上のひどい言葉を言わなくなる。道でまったく知らない人とすれ違うときに、

「うわっ、クロッ！」

「アレって、どこの国の人？」

とヒソヒソと話されることもあった。でも、僕はその言葉を無機質に受け止めた。

それこそが、僕が小学校で身につけた処世術だった。自分をこれ以上傷つけないために、自分の感情を押しとどめるための「殻」にこもる。

その殻をより強固にしたのは、家庭環境も影響していたかもしれない。

お母さんは、僕に対して深い愛情をくれるけど、おじいちゃんは昔気質の本当に厳しい人だった。僕が日本にやってきたときに、僕との接し方に戸惑っているように見えた。しつけがとくに厳しかった。ものをこぼしたり、片付けをしなかったりすると、怒鳴られたり、ひどいときにはベルトで叩かれたりした。

憎しみなどではなく、僕に対する教育的な気持ちだったと思う。でも、しだいに家の中でも素の自分を出せなくなっていき、淡々と優等生を演じるようになった。

もしかするとかわいげがなかったのかもしれない。逆に、喜怒哀楽が激しかった弟は、おじいちゃん、おばあちゃんに、僕よりもかわいがられているように、当時の僕には映っていた。正直、そんな弟がうらやましかった。かわいがられていることもそうだし、自分の感情を表現できていることに対してもだ。

「僕はこれでいいんだ、それしかないんだ」

そう思うようにした。だから、兄弟喧嘩もしなかった。弟に対しても、僕は自分の殻に閉じこもっていたのかもしれない。仲が悪いわけではない、弟のことを嫌いなわけでもない。それ以上に、僕は自分のことで必死だった。

もしかすると弟も、僕と同じ問題に直面していたかもしれない。僕はサッカーで自分を思い切り表現できた。弟もサッカーをしていたが、どうだったのだろうか。いつも兄である自分と比べられて、そこでも窮屈だったかもしれない。

でも、当時の僕には、そんな弟を慮る余裕がなかった。

母に対しても、しだいに悲しい顔を見せたくないと思うようになった。

白くなりたいと母に訴えたとき、ポジティブな話をしてくれてはいるものの、母の表情はどこか悲しげだった。

母だって、僕の肌の色が黒いことで、いろんなことを言われているかもしれない。僕がこの肌の色に対するネガティブな言葉を言えば言うほど、母を傷つけてしまっているかもしれない。そう思うと、僕はさらに本音や感情をうまく表現できなくなっていった。

今思うと、このときの精神形成が、のちの僕の人生に大きな影響を与えている。

自分を守るために僕が選択したのは、「殻をつくる」ということ。家と学校ではおとなしくして、サッカーで夢中になる。このサイクルこそ、僕が見つけた日本での生き方だった。僕は必死で自分を守っていた。

二つの国

小学生の間に、僕は3回だけジャマイカに行っている。

1回目は小学校2年生のとき。このときは久しぶりに戻ってきたという感情があったが、徐々にその感情はなくなり、「よその国」と思うようになっていった。

2回目は小学校4年生のとき。このとき「ジャマイカと比べて日本は本当に豊かな国なんだなあ」とあらためて感じた。

ジャマイカは自分と同じ肌の黒い人たちがたくさんいて、逆に、お母さんのような白い人が「異質」に感じられるような世界だった。

でも、お母さんはジャマイカの人と仲がよく、日本と同じように変わらないまま過ごしている。それが最初は不思議だった。

車の窓から見える街並みや昔住んでいた家の周りの環境を見ると、何やら別世界に来たかのような感覚になっていった。砂埃が舞う舗装されていない道、ボロボロの家があり、電車もコンビニもない。日本で僕が当たり前と思っていた環境とは、まったく違っていた。

「日本に帰りたいな」

数日過ごしただけで、そう思うようになった。僕は日本の環境が当たり前になり、心は日本人になりつつあった。

そして、小学校6年生ときに、3回目のジャマイカに行った。僕のなかでは思い入れがなくなっていた。

ヘイゼルは変わらず「ムッチャ〜ン」と涙を流しながら抱きしめてくれる。でも、ヘイゼルの言葉がわからなくなっている僕がいた。ヘイゼルは好きだけど、もうスムーズに会話ができない。ジャマイカはもう完全によその国になっていた。

このとき、モンテゴベイの郊外にある父の新築の家に母と弟の3人で招待された。するとそこには、大勢の大人と子どもたちがいた。

「な、何だこりゃ？」

日本では、一つの家に一つの家族という文化が主流だが、ここでは、一つの家にたくさんの人が住んでいた。

「これは、お父さんのお友達か家政婦さんたちが集まっているのかな？」

と思ったけど、実際は違った。あまりの人数の多さに僕が戸惑っていると、お母さんが僕にこう教えてくれた。

「ここにいる子どもたちは、みんなむっちゃんの兄弟なんだよ」

「えっ、全員兄弟!?」

僕は目を丸くしてそう叫んだ。女性たちはすべて父のパートナーであり、子どもたちはすべてお父さんの子どもだった。いきなりこんな大勢の前で、「兄弟だよ」と言われても、意味がわからなかった。兄弟とは思えなかった。兄弟と言われた子どもたちは、僕からすると完全に「ジャマイカ人」だった。

そして、僕のなかで、すでにお父さんはお父さんではなかった。「ジャマイカ人の、僕のお父さんと言われている人」という認識だった。

それっきり僕は、父やその兄弟たちには会っていない。

「僕って、なに人なんだろう？　ジャマイカ人？　日本人？」

自分のなかでの疑問が大きくなっていった。日本人だと思っているけど、周りはそうは思ってくれない。でも、ジャマイカに行っても、僕は自分がジャマイカ人だとは思えない。

揺れ動く二つの国のルーツ。でも僕は、その揺れ動く気持ちすら表に出すことをやめるようにした。

第3章

武者修行

中学校時代

2006年4月、僕は太田市立太田北中学校に進学した。

そして、サッカーでは、ちょうどそのときに立ち上がったFCおおたジュニアユースに入った。

小学校の高学年頃から、僕は足の速さをより生かせるようになっていた。1人でドリブルをして、次々と抜いてゴールを決めたりすることができるようになり、いくつかのクラブチームから、入団の話を持ちかけられた。

群馬県トレセンにも選ばれるようになり、その多くの仲間たちは、群馬県ではナンバーワンチームといわれる前橋ジュニアU-15に進んだ。

でも僕は、クラブを立ち上げたばかりの竹内敏幸さんがとても熱心に誘ってくれたので、地元で先輩がいない1期生としてプレーできるFCおおたを選んだ。

中学生時代は、学校生活もサッカーも充実していた。仲のいい友達にも恵まれ、僕のひょうきんなキャラクターも受け入れてもらえて、自分らしい生活を送ることができた。

それでも、まだ引け目というか、ハーフであることのコンプレックスは消えなかった。この時期の一番のコンプレックスは、肌の色よりもくせ毛だった。

思春期に入り、周りの仲間たちが少しずつ異性を気にするようになって、髪の毛にも気を配るようになった。

僕も同じで、好きな女の子ができて、髪を伸ばしたり、整髪料で整えたりしたけど、僕の髪はいわゆる天然パーマ、「くるくる」だった。

小学校3年生のときに理髪店の店主に言われた「くるくるの髪の毛」のせいで、僕はみんなのようにいろんな髪型に変えることができない。

でも、ある程度伸ばしたうえでヘアアイロンを使って引き伸ばせば、念願のストレートヘアになるかもしれない。そう思ってくるくるの頭の毛の量が増えたときに、時間をかけてヘアアイロンで引き伸ばしたら、その瞬間だけストレートヘアになった。でも、それは毛の生え替わりの過程でどんどんくるくるに戻っていく。そのたびに引き伸ばすことを、何度も何度も繰り返していた。

「もうさ、美容院に行ってストレートパーマをかけてきたら？」

友達はそう言うけれど、僕はあの理髪店のトラウマが頭から離れず、美容院に行きたくても行けなかった。恐怖以外の何物でもなかった。

でも、やっぱり髪の毛はストレートにしたい。肌の色が黒くて、天然パーマの僕は、そのとき、髪の毛をまっすぐにすることで、より自分を日本人に近づけようとしていたのだと思う。

同じ時期、僕は服装にも困っていた。

服は小学校のときから母が買ってきたものを着ていた。中学時代もそれは変わらなかったが、同級生が髪をオシャレにして、服も自分好みのものや、流行っているものを着ているなかで、僕は決してオシャレとはいえないトレーナーやTシャツを着ていた。

友達から「この服、お父さんが買ってくれたんだ」とか、「お父さんは服が好きだから、選んでもらったんだ」という話を聞くと、父親の不在を痛感した。ふと、幼い頃にお父さんの服装を見て、「かっこいいな」と思ったときのことを思い出した。

「きっと、俺もお父さんがいたら、こういうことを聞けたんじゃないかな」

このとき初めて、父親とは何かを考えた。でも、考えても、いないものはいない。

「僕は明るく生きよう。服装や髪型がかっこ悪くても、明るくしていれば仲間がいてくれるんだから」

もう、小学生のときのような「いじめられる自分」には戻りたくない。ないものを欲するよりも、今の環境を精一杯生きようと思い始めた時期だった。

中学校2年生のときだ。僕らの中学校では、トレーナーの襟元のところに縦に切れ目を入れて、わざとボロボロにするのが流行っていた。

「めっちゃかっこいい！　僕もやろう」

そう思って、僕はグレーのトレーナーの襟元を切って、意気揚々で学校で着た。ところが、家に帰って洗濯に出したら、次の日の朝、襟元のところに綺麗につぎはぎがしてあった。

しかも、糸の色が布地と少し違っていて、明らかに縫ってあることがわかる状態だった。

すぐにおばあちゃんの仕業だなと思った。でも、おばあちゃんが僕のためを思って縫ってくれたのは明らかだった。きっと夜に「あ、切れちゃってるね」と気づいて、一生懸命縫ってくれたと思ったら、心がほっこりした。

僕は襟元がぴっちりと縫われたトレーナーを着て学校に行った。学校では真っ先にいじられることはわかっていた。

だから、僕は友達と会うや否や、

「これさあ、おばあちゃんが破れたと思ったらしくて、縫っちゃったんだよ！」

と率先して、笑いのネタにしていた。すると、みんなも、

「うっわ、ダッサ！　でも、なんかおばあちゃんかわいいな!!」

と笑ってくれた。これは僕のなかでも、今でも忘れられないエピソードだ。

思春期とサッカー

楽しい時間もたくさんあったけど、思春期特有の感情で、僕はいろんなところにストレスを感じていた。

一度だけ、それを母の前で爆発させたことがある。

中学校3年生のとき、きっかけはほんの些細なことだった。欲しいものがあったけど、お金が足りなかった。それで母にお願いしたんだ。

「お母さん、欲しいものがあるけど、お小遣いじゃ足りないから500円ちょうだい」

「ダメ、もう今月はあげられない！」

こんなような、普通のやりとりだったと思う。ところが、母親のこの言葉に、僕の怒りは一気に頂点に達してしまった。

「何でだよ！　500円くらいいいじゃん!!」

僕はそう叫びながら、部屋のドアを思い切り右手で殴りつけた。すると、ドアには大きな穴があいた。

「何でそんなことをするの！」

母親がものすごい形相で僕を叱りつけた。その瞬間、僕はハッとした。

「俺は何をやっているんだ」

僕はすぐに母親に謝り、部屋の中に閉じこもった。なぜ、あんな些細なことで僕は切れてしまったのか。自分が怖くなった。本当に今までこんなに怒りの感情を露にしたことはなかったから、自分でも訳がわからなくなったんだ。

「僕が怒るとろくなことがない。やっぱり怒っちゃダメなんだ。もっと良い子になろう。そうしたほうが平和に暮らせる」

そう思った僕は、この出来事をきっかけに、サッカーはもちろん、勉強や学校生活でも、もっときっちりとしようと思った。

その一環で、中学校3年生のときには、学級委員長に立候補した。僕の学校では学級委員長は三つの学期でそれぞれ交代する。僕は1学期の学級委員長に立候補した。

引っ込み思案で、自分はなるべく目立ちたくない。周りとは波風を立てたくない。そんな自分が立候補したのは、「もっと良い子になりたい」という理由だけだった。

良い子にしておけば怒られることもないし、暴言を吐かれることもない。

このときはテストの成績も良かったし、授業態度もきちんとした。制服やジャージもだらしなく着ないようにしたし、授業間や全校集会の移動などのときも、僕がみんなに声をかけてダラダラしないようにした。

合唱コンクールのときも一生懸命歌った。学校生活で、より優等生を演じようとしていた。実は、一歩前に出ているようにして、逆に一歩下がっている自分がいた。優等生であることはいいことだけど、やはり今思うと少し息苦しかった。

そして、そういった日常生活を送っていても、ふとしたときに自分に問いかけてしまうんだ。

「僕はいったい、なに人なんだろう？　日本人なのか、外国人なのか？」

この問いかけが始まると、僕は現在地を見失ってしまう。自分が何者なのか、自分のことなのにわからない。そうなると眠れなくなった。

でも、結局は忘れるしかない。どうあがいてもこの見た目は変えられない。ならば周りを刺激しないように、同調しながら過ごせばいいという結論に至った。中学校時代の僕は、この自問自答の繰り返しだった。

鏡に映る自分を見ては、

「いいんだ、これでいいんだ」

と確認する日々だった。結局は自分が納得しないといけなかった。

それでも僕にはサッカーがあった。必死になれるサッカーがあった。周りが認めてくれるサッカーがあったんだ。

どんどんサッカーに夢中になり、朝早くから練習し、部活のあとも自主トレに打ち込んだ。僕らのチームは県内では強豪と呼ばれるまでに成長し、中学校1年生、2年生の大会で、県で準優勝することができた。前橋ジュニアU－15には勝てなかったけれど、僕らはサッカーを楽しみながら成長することができた。

そして、中学校2年生から3年生に上がる前の3月だった。僕は2月の早生まれだったこともあり、1学年下のチームが参加するJFA杯U－13関東大会に、群馬県代表として出場することができた。

でも、このときは、鹿島アントラーズジュニアユースノルテ、FC東京U－15むさし、横浜Fマリノスジュニアユースに3連敗だった。関東のレベルは高いと痛感したが、それでもいい経験だと思った。

こうした活躍が認められ、僕は埼玉県の本庄第一高校から誘いを受けた。最初はそこに行こうと思っていたが、桐生第一高校からも「練習に参加してみないか」と言われ、一度、参加してみた。

参加してみると、人工芝のグラウンドだった。自宅からも近く、環境がよかった。それに、ちょうど僕が中学校3年生のときに、インターハイ群馬県予選決勝で、強豪の前橋育英高校をテンポよくパスをつなぐサッカーで破り、全国大会出場を果たすところも観ていた。ここでサッカーに打ち込んで、「前橋育英を倒したい」と思うようになった。

桐生第一は特待生として僕に声をかけてくれた。特待のランクは一番下のC特待で、評価自体はそこまで高くはなかった。でも、たとえ一番下でも、特待生で取ってくれることが嬉しくて、迷うことなく桐生第一を選んだ。

「むっちゃんはプロになりたいの?」

進路を決めるとき、チームメイトによく聞かれた。

「いや、とくにそこまでは思っていないよ」

答えはいつも同じだった。正直、内心ではプロになりたいという気持ちもあった。でも、それを口に出して人に言うことが嫌だった。僕は根っからの負けず嫌いで、誰にも負けたくない性格だ。でも、その気持ちは表に出さなかったし、出せなかった。

桐生第一高校

2009年4月、晴れて群馬県のサッカー強豪校、桐生第一高校に入学した。

FW(フォワード)として、ずっと武器にしていたスピードと高さを生かし、次は高校サッカーの舞台で活躍する。そう心に誓って、よりサッカー漬けの毎日を送るという覚悟を決めていた。

「君が武蔵くんか、よろしくな」

そう言ってくれたのは、サッカー部の田野豪一監督だった。

田野監督はすごくフランクなキャラクターで、怖いというより、とても面倒見が良くて明るい監督だった。僕にとっては話しやすい人で、「楽しいサッカー生活になるな」と直感した。

田野監督は隣のクラスの担任もしていた。なので、僕が大きな声でクラスでふざけていると、よく隣の教室から顔を出して、「武蔵〜、また盛り上がっているなあ」と、突っ込みを入れて去って行くのが日常だった。

そしてサッカーでは、僕が困ったとき、悩んでいるときは、「なんだよ〜、どうした武蔵〜」と言いながら、いつも気にかけてくれ、ポジティブな言葉をかけてくれた。

小林勉総監督はどっしりと構えてチーム全体を支える存在だった。たまに顔を出したときには、必ず気づいたことを指摘してくれた。

一方、中村裕幸コーチは本当に厳しかったけど、アドバイスが的確で、ＦＷとしてどういう動きをしないといけないか、どこでボールを収めないといけないかということを、ストレートに指摘してくれた。

桐生第一高校の指導陣に共通していたのが、どの選手にも平等に接してくれることだった。そして、指導陣同士が、よく笑いながら話しているのを見て、「仲がいいんだな」と思っていた。緊張と緩和がうまくミックスされた雰囲気で、ときには厳しく、ときには楽しくサッカーができて、僕には最高の環境だった。

サッカー部の先輩たちも優しかった。先輩たちのほうが僕に興味津々で、「どことのハーフ？」「お父さんとお母さんのどっちがジャマイカ人？」などと聞かれた。中学生までは、そういった質問が嫌だったけど、このときは周りとのコミュニケーションのきっかけとして利用していた。

そういったやりとりをきっかけに、いろんなことを会話できるようになり、僕は比較的早くチームに溶け込むことができた。

「もしも僕が普通の日本人だったら、先輩たちとはどうやってコミュニケーションを取るんだろう」

そう思うくらい、あんなに嫌だったやりとりを率先してやる自分がいた。このときに、初めてサッカーのプレー以外で「ハーフでよかった」と思えた。

でも、サッカー自体は決して順調だったわけではなかった。

振り返ると、高校1年生のときは、公式戦に一度も出場させてもらえなかった。

「あまりに粗削りで基礎ができていない。みっちり基礎を積まないと」

というのが、指導陣の判断だった。

たしかに、僕の動き出しと味方のパスのタイミングがうまくハマったときはすごくいい。でも、その回数は決して多くはなかった。僕の動き出しと、出し手の呼吸が噛み合わないことが日常茶飯事で、そのたびに僕は「どうしてなんだろう？」と首を傾げていた。

そして、自分がもっとうまくなるしかないと、ひたすらシュート練習やドリブル練習を毎日した。しかし、それでもいざ練習や試合となると、やっぱり噛み合わず、先に動きすぎてしまったり、動き直したらボールが足元に入りすぎてロストしたり、とにかくミスが多かった。

そうなると、紅白戦でも先輩から厳しい言葉を受けた。

「何やってんだよ！」「オイ、いい加減にしろよ！」ならまだいいほうだった。

今でも一番記憶に残っているのは、ある日の紅白戦でボールを受け、ドリブルで仕掛けていこうとしたら、後ろから大きな声で叫ばれたことだ。

「オメエじゃ、無理なんだよ！」

その言葉はずっと頭に残っている。正直、悔しかったし、腹が立った。でも、

「今に見ていろよ、絶対に見返してやる」

と自分に言い聞かせた。

「あの先輩より必ず上に行ってやる」

言い返したり、態度に出したりは絶対にしない。でも、負けてなるものかという気持ちだけは絶対に持ち続けないといけない。自分がうまくなるためにひたすら練習しようと、よりサッカーに打ち込むようになった。

サッカーを始めてからずっと僕の一番のサポーターであり、中学校時代もずっと送り迎えをしてくれていた母。孫がサッカーをしている姿を楽しみにしていた祖父母。

帰宅して家族の笑顔を見ると、「俺が頑張らなきゃ」と思いを新たにした。

そういえば、中学時代あんなに気にしていた髪型だったけど、結局、高校の3年間はずっと丸坊主だった。高校に入ると、さすがに祖父に髪を切ってもらうのが嫌になったけど、だからといって、美容院には行く勇気が出なかった。考えた末に、自分でできる髪型が丸坊主だった。

本音は髪型をオシャレにしたかった。みんなのように伸ばしたり、アレンジをしたりしたかった。同級生を見て、正直、うらやましく思った。

女の子も、髪型がかっこいい男子のほうが好きそうだったし、なぜ、自分は坊主しかできないんだと思った。でも、やっぱり美容院に行けない。そう思って、ずっと自分の頭をバリカンで剃っていた。

運命のいたずら

基礎練習に明け暮れた1年を終え、迎えた2009年。僕の運命を大きく分ける1年になった。

高校2年生になり、将来、自動車整備士になろうと考えて、理系コースを選択した。このときは自分がプロサッカー選手になるなんて露ほども思っていなかった。なにせ、公式戦にすら出られず、Bチームで基礎練習に明け暮れていたのだから。

桐生第一高校サッカー部は、桐生大学の人工芝グラウンドでの練習だけでなく、近くの自動車整備士の専門学校のグラウンドを借りて練習することもあった。その縁もあり、卒業後はその専門学校に進み、地元の自動車工場で働くつもりだった。

いや、つもりというより、「僕にはその道しかない」と思っていた。

忘れもしない、高校2年生に上がる前の三者面談。田野監督と僕と母親で進路相談をした際に、僕はこう言い切った。

「多分、僕はネクタイをしてスーツを着て働くような仕事には向いていないと思います。だから、将来は自動車整備士になって働きたいので、専門学校に進みます」

肌の色が黒い僕を、一般企業がすんなり採用してくれるとは思っていなかった。

もちろん、今思えば採用してくれる企業もあったと思う。でも、卑屈になることで自分を守っていた当時の僕は、普通に大学に行ったり、一般企業に就職したりすることは、絶対に無理だと思っていた。

そう考えたとき、手に職をつけることが、安定した将来を過ごしていくためには必要だと思った。

それが本意かと聞かれると、多分そうじゃなかった。でも、そうするしかないと、自分自身に言い聞かせていた。

そこに思いもよらぬ出来事が起こった。

それは群馬県のU－16トレセンに選ばれたことがきっかけだった。

僕は、その選出が自分の実力によるものではないことを自覚していた。たまたま2月の早生まれ（U－16県選抜は、16歳になる年齢の1月1日生まれ以降の選手が選ばれる）で、デカくて足が速いからだけだった。早生まれでなかったら、多分トレセンに選ばれることはなかったと思う。

高校に入ってからは縁がなかった群馬県選抜。ラッキーな選出だったかもしれないけど、このチャンスに僕の気持ちは昂っていた。

そのとき、群馬トレセンは、茨城県で開催された関東の1都7県が集まったトレセンマッチに参加した。そして、この大会が、僕の運命を大きく変えていく。

会場は、人工芝のピッチが２面あり、僕ら群馬県選抜は東京都選抜と試合をした。

そのとき、試合会場にいたのが、当時のＵ－16日本代表監督の吉武博文さんと、コーチの菊原志郎さんだった。この吉武さんと菊原さんとの出会いが、その後の僕の人生を大きく変えることになる。

あとから聞いた話だが、吉武さんと菊原さんは、隣のピッチで行われていた、茨城県選抜のメンバーのなかにＵ－16日本代表に招集したい注目選手がいて、最初は隣の試合を観ていたそうだ。

でも、そのお目当ての選手が本調子ではなく、いいパフォーマンスができなかった。そこで、「このまま手ぶらで帰るのも」と、隣で行われていた僕らの試合を、偶然、途中から観たのだという。そこで１人だけ体が大きくて足が速く、肌の色の黒い選手がいることに、吉武さんは驚いたそうだ。

何と、この肌の色のおかげで、代表監督が、名前すら知らない無名の僕に注目してくれたんだ。

吉武さんは僕のプレーを注視し、僕が当時一番苦しんでいた「パスの受け方」の課題を一瞬で見抜いたという。

東京都選抜は、東京ヴェルディとＦＣ東京の混成チームで、とにかく強かった。僕は途中出場だったから、がむしゃらにプレーした。代表監督とコーチが視察していることなんて知る由もない。

スコアも0―7と、一方的に押されていた。完全に負け試合だったけど、僕は「絶対に点を取る」とモチベーションは高かった。試合終了間際、攻め込まれた一瞬の隙を突いて、捕球した仲間GK（ゴールキーパー）が僕に向かってロングキックを蹴った。ボールは僕を大きく超えて、タッチラインを割りそうだった。

でも、僕は「絶対に出すものか」と思って、全速力でそのボールを追いかけ、タッチラインを割らせずマイボールにした。2人のDF（ディフェンダー）も必死に追いついてきた。でも、仲間はまだ誰も上がってきていない。時間ももうない。

そこで僕は本能のままに、そのDF2人に向かっていき、2人の間にドリブルを仕掛け、中央突破を試みた。そして、気がついたら2人をかわして、左足を思い切り振り抜いていた。次の瞬間、ボールがゴールネットを揺らした。

神奈川県選抜戦でも、さらに2ゴールを決めることができたが、あとから吉武監督と菊原コーチから、こんな話を聞いた。

「あのゴール一発ですべてが決まった。負け試合の終了間際でもボールを追いかけることをあきらめない気持ちとスピード、大柄なのに力ではなく、しなやかにDF2人をかわすボディコントロール、そして、右利きなのに、左足で決めた豪快なゴール。あの1点がすべてだったよ」

そんな僕に、さらに運が味方する。

実はそのとき、ＦＩＦＡ（国際サッカー連盟）に登録する23人の枠は、すでに埋まっている状態だった。

だけど、僕の試合を観ている最中に、協会関係者から電話が入ったという。

「吉武監督、招集メンバーの１人がケガを負って、欠員が出ちゃいました」

そこで、すぐに吉武監督は菊原コーチとアイコンタクトして、

「代わりの選手ならばいますよ。今、目の前に！」

と伝えたという。そして協会の人から、

「名前はなんていうんですか？」

と聞かれ、あわてて本部に行ってメンバー表を見せてもらったそうだ。

でも、いくらメンバー表を探しても、ハーフっぽい名前の選手は見当たらない。そこで思わず本部のスタッフに聞いたという。

「あ、あの選手はね、鈴木武蔵っていうんですよ」

そう言われて、見た目と名前のギャップに、吉武さんは二度、驚いたそうだ。

こんな背景も、あとから聞いた。

当時、Ｕ-16日本代表はストライカーを探していたそうだ。関東トレセンマッチの前に行われたフランスのモンテギュー国際大会で、日本でトップクラスだと思ってい

たＦＷの選手たちが、ヨーロッパの強国が相手だと力を出せなかった。中盤のパサーはたくさんいたけど、世界の屈強な守備陣の前で、ゴールをこじ開けられなかったそうだ。

　このフランス遠征で、日本が対戦したイングランド代表には、同年代とはとても思えない、身長が１９０センチメートル近い、屈強なアフリカ系ＤＦがそろっていたそうだ。

　ハーフタイムになり、選手たちが戻ってくると、日本のＦＷの選手たちはみんなガタガタ震えていたという。そこで、吉武さんが、

「お前ら、ビビっているのか？」

　と聞いたら、

「ビビってます」

　と即答で、菊原コーチやほかのスタッフも、思わず笑ってしまったそうだ。ＦＷの選手以外も、身体能力が違う外国人選手に完全に怯んでしまい、日本でじっくりと積み重ねてきた準備が、ほぼ水の泡になったという。

「なんでビビるんだ。同じ人間じゃないか」

　吉武さんはフランス遠征先のホテルで、選手たちにこう訴えかけたそうだ。

　そういった流れもあり、まだ、世界を知らない日本人選手たちの、外国人選手に対

する戸惑いの解消も含めて、黒人ハーフで背も高く、身体能力もある僕に、一目惚れをしてくれたそうだ。

一枚の招集レター

それでも、桐生第一高校に戻れば、僕はスターティングメンバー（スタメン）ではなかった。

終盤に流れを変える選手として試合に出ても、周りの選手とタイミングが合わないことが多かった。チャンスだと思って走っているのにボールがこない。動き直そうとしたらいきなりボールがきて、トラップをミスしたり、相手に奪われたりと、1年生からの課題を克服できずにいた。

実際に試合に出ても、対戦相手の選手から、よくこんなふうに言われた。

「なんだ、コイツ。見かけ倒しじゃん」

「全然、大したことないんだけど」

「黒くてデカいだけかよ」

その言葉にいっさい反論できなかった。たしかに僕は見かけ倒しだった。ただ肌の色が黒いだけかもしれない。

正直、その時期は自信を失いかけていた。それでもギリギリ気持ちを保てたのは、「絶対にもっとうまくなりたい」という想いがあったからだった。

その想いの源流は、サッカーが大好きだから。そして、これまで肌の色が違う僕を、周りが認めてくれたのがサッカーだったからだ。スピードがあるから、フィジカルが強いから、僕はサッカーで目立つことができた。

うまくなれるという自信はある。今は言いたいだけ言わせておけばいい。変にシリアスにならず、明るいキャラクターは保ちながら、向上心だけは切らさない。

そう自分に言い聞かせて、僕は全体練習が終わったあとも、ひたすら自主トレを続けた。

桜の花が散り、若葉が芽吹き始めた4月下旬のことだった。突然、僕のもとに、U－16日本代表候補合宿の招集レターが届いた。

「む、武蔵！　お、お前、日本代表に選ばれたぞ!!」

田野監督が目を丸くしながら、僕のもとに走ってきた。

「えっ！　日本代表に僕がですか？」

そのときは正直、アンダーの日本代表の存在すら知らなかった。田野監督に説明されて、すごいことだということを初めて理解した。でも、それを知れば知るほど、「なんで俺なの？」と思う自分がいた。

このときは、トレセンマッチの裏側であった出来事など知る由もなかった。吉武さんは、あのトレセンマッチ以降、何回も群馬に足を運び、僕の試合をひっそりと視察してくれていたのだ。田野監督には話をしていたらしいが、僕は何も聞かされておらず、何も知らない状態で届いたこのニュースは、まさに青天の霹靂だった。

「この僕が日本代表？」

家に帰ると、いろんな感情が湧き起こっていた。嬉しいけど、どこか恥ずかしい。

「ただいま、お母さん！　俺、どうやらU－16日本代表に選ばれたらしい」

「え、日本代表に！　本当に？」

「うん、学校に連絡がきて、田野監督からそう言われたよ」

「信じられない、むっちゃんが？　日本代表なんて、すごい。やったね！」

母は驚いていた。祖父母も満面の笑みで祝ってくれた。

「日本代表かあ。嬉しいけど、ハーフの俺が行ってもいいのかな。周りから『なんでお前が』と思われないかな」

不安と希望が交錯するなか、僕は歴代の外国にルーツがある日本代表選手を調べることにした。

ラモス瑠偉さん、呂比須ワグナーさん、三都主アレサンドロさんは、元々ブラジル人で、日本に帰化した選手だった。酒井高徳さんは、日本人とドイツ人のハーフだけど、僕とはちょっと違う。

肌の黒い僕が日本代表に入るなんて、前例がまったくない。そう考えると、なおさら「自分が入っていいのか」と思うようになった。そして、自分自身に「勘違いするな。勘違いをすると、またいろいろ言われるぞ」と言い聞かせた。

でも、心の奥底は、嬉しい気持ちとワクワク感にあふれていた。

第4章

青色のユニフォーム

Can you speak Japanese?

2010年5月6日。僕は初めて日本代表合宿に参加した。

群馬から新幹線と在来線を乗り継ぎ、千葉県内の駅を目指した。そこに代表スタッフの方が車で迎えに来てくれて、宿泊するホテルに向かうという流れだった。初の代表合宿、しかも、誰も知らない人たちのなかに入るということもあり、僕は移動の電車内でずっと緊張していた。

「大丈夫かな。なんだコイツは、と思われないかな。受け入れてもらえるかな」

不安しかなかった。集合の駅の待ち合わせ場所に着くと、すでに4人の選手らしきジャージ姿の人たちが固まってしゃべっていた。

「代表の選手たちかな?」

そう思ってよく見ると、セレッソ大阪、ヴィッセル神戸など、名だたるJリーグクラブのジャージを着ていた。

「うわあ、Jクラブユースの選手たちだ」

僕から話しかけることはできず、その4人組から3~4メートル離れた場所に、僕は1人で立っていた。すると、4人組の1人が、僕のほうに近づいてきた。

「え、え、なんだろう、どうしよう」

内心あわてていると、その人は僕の前に立って笑顔でこう聞いてきた。

「Can you speak Japanese?」

「え？　あ、うん、しゃべれるよ」

正直びっくりしたが、これはこれまで何度も受けてきた質問だった。だから、いつもどおりに返すことができた。

「え、そうなんだ！　代表の人だよね？　よろしくね」

「うん、よろしく！」

僕はその人と握手をかわした。彼は、のちに日本代表でチームメイトになり、イングランドのプレミアリーグの名門、リヴァプールFCに所属することになる南野拓実（現在はサウサンプトンFCにレンタル中）だった。僕が代表で最初に会話をかわしたのは、拓実だった。

そこに4人組の別の1人も話しかけてくれた。岩波拓也（現・浦和レッドダイヤモンズ）だった。

「どこのハーフなの？」

「ジャマイカだよ」

「お父さんとお母さんのどちらがジャマイカ人？」

「お父さんがジャマイカなんだ」
「すごいスラっとしてるよね、すごいなあ」
「でも、ずっと日本に住んでいるから、日本人だけどね」

このときも、黒人ハーフであることが、コミュニケーションのきっかけとなった。相手のほうから僕に興味を抱いてくれて会話が始まり、そこからは普通にたわいもない話ができるようになる。このときも「ハーフでよかったな」と思った。

この4人と仲良くなったことで、僕はリラックスした状態で、代表合宿に合流することができた。

ところが、練習が始まると、すぐに萎縮してしまった。

何せ、名だたる強豪Jクラブユース選手や強豪高校の有名選手が大半で、僕だけがまったくの無名選手だったのだ。なるべく目立たないようにしようと、すぐに思った。

そんな様子を察してか、吉武監督は積極的に話しかけてくれた。菊原コーチやスタッフの人たちも、

「臆さなくていい、のびのびとやればいい」

と優しい声をかけてくれた。

練習初日の最後にスタメン組とサブ組で紅白戦があった。当然、僕はサブ組だった

けど、そんなことより吉武監督がサブ組の選手たちを呼び寄せて、指示した言葉に驚いた。

「いいか、試合中は武蔵を見ろ。武蔵が動き出すタイミングでパスを出すんだ」

そのときは、吉武監督はいったい何を言っているんだ、と面食らった。

だって、僕はこのメンバーのなかでは無名で、一番へたなはず。なのに、同年代で日本トップクラスの選手たちに「僕を見ろ」と指示を出している。これに戸惑わないはずがない。

そんな僕を見て、すぐに吉武監督はこう言った。

「武蔵はいつものタイミングでいいから、積極的に動き出せよ」

この吉武監督の言葉で、「自分を出す」ということに集中できた。

紅白戦が始まって最初のプレーだった。僕はDFラインの裏にスペースがあることに気づき、吉武監督の言葉を思い出して思い切りダッシュした。

すると、１本のパスが僕の足元にピタリと届いた。あまりの正確なパスに少しあわててしまったくらいだ。でも、必死でコントロールをして、右足を振り抜いた。

シュートはバーをかすめ、枠の外に出てしまったが、周りから「おおお！　すげえ!!」という声が起こった。

少し照れくさくなって平静を装ったが、僕の心臓はバクバクしていた。

「俺、ここで、もっと成長できるかも」

胸の高鳴りとともに、時間が経過するごとに、僕にパスが多く集まってくるようになった。

「いいぞ、武蔵！　それだ、どんどん行け!!」

ベンチからは吉武監督が大きな声を出して、僕を鼓舞してくれた。あまり褒められることに慣れていない僕は、正直、どうリアクションしていいかわからなかった。でも、心の中では嬉しくて嬉しくてしかたがなかった。

その紅白戦で、僕は代表初ゴールを決めた。ふと顔を上げると、左サイドのスペースが目に飛び込んだ。

そのスペースにスピードに乗って抜け出すと、まさにドンピシャのパスが届いた。

「すごい、本当にパスがきた！」

僕はボールを受けると、対峙したＤＦに対してフェイントを入れ、そのまま中へカットインし、思い切り右足でシュートを打った。足がボールに触れた瞬間、ドンっという音がした。いつものシュート練習で、最高のシュートが打てたときの衝撃音だ。

「これは絶対に入る！」

そう思った瞬間、シュートは無回転状態のライナーのまま、ゴールの左隅に突き刺さった。

「おお！　なんだあのシュート、すげえ!!」

周りから驚きの声が上がるのが聞こえた。

「お、俺、代表でゴール決めちゃった！」

どう喜んでいいのかわからず、ただ茫然としていると、周りから「ナイスゴール!!」と多くの祝福を浴びた。僕は恥ずかしかったけど、右手を上げてみんなの声に応えた。

「ねえ、さっきのシュートすごかったね。どうやったらあんなの打てるの？」

代表のなかで一番先に声をかけてくれた拓実が、嬉しそうに話しかけてきた。

「本当、あれはすごかった。びっくりしたわ」

と岩波拓也も続いた。みんなが僕のことを認めてくれたような気がして嬉しかった。

「ここなら桐生第一のように、みんなと仲良くやれるかもしれない」

サッカーにおいて新たな居場所を見つけた僕は、より選手たちと積極的なコミュニケーションを取るようになった。

「武蔵は本当に明るいな！　いいぞ、その性格」

合宿の最終日、吉武監督は笑顔で僕にこう言ってくれた。吉武監督は、僕の個性を認めてくれた。だから僕も、

「この人のためにチームを明るくして、全身全霊でプレーをしよう」

と心から思うようになった。

「僕は必要とされている。色が黒くても、僕は日本代表として認められているんだ」

年代別日本代表の初招集の貴重な経験は、自分の気持ちを大きく変えた。

94ジャパン

今回のU－16日本代表は、1994年1月1日生まれ以降で構成されていたので、いつしか〝94ジャパン〟という愛称で呼ばれるようになった。その94ジャパンのコンセプトは、

「誰が入ってきても、集団で楽しくサッカーをする」

ということだった。1人の選手だけが楽しければいいのではない。1人が落ち込んでいたら、その1人を楽しい方向にもっていこうというチームだった。

だから、僕という〝異質〟が入っても、このチームはすんなりと受け入れてくれた。

吉武監督は、合宿のミーティングでこう話をしていた。

「いいか、人間は生い立ち、文化、肌の色が違っても、根本は同じなんだ。だから、

見た目が違っても、新しく入ってきた人間が力を発揮できる環境をつくることが大事だ。みんなもこの先、どこかで必ず逆の立場になることがある。そういったときに、普段から他人のことを思いやっていないと、自分も受け入れてもらえなくなるし、新しい選手が調子を崩せば、チーム全体の調子も崩れる。だから、他人のことを考えて行動することは、のちの自分のプラスにもなるんだ」

僕はその言葉に深くうなずいていた。どんなに見た目や考え方に異なる部分があっても、サッカーという共通のツールがある。そして、そこにチームとして目指すべきものがあるなら、お互いのことを考えて、受け入れて行動をすることが大切なんだ。

吉武監督の言葉は僕の心に刺さった。

2010年7月17日、新潟国際ユースのU－17スロバキア代表戦で、僕はついにU－16日本代表の公式戦デビューを果たした。

試合前、ロッカールームに行くと、僕の青いユニフォームが置かれていた。そのときの番号は17だった。

「おっ、テレビで見たことがあるやつだ！」

僕の心は踊った。そして、メンバー発表がされると、僕はスタメンだった。大きく深呼吸をしてから、その青いユニフォームを手に取り、袖を通した。その瞬間、僕のなかである感情が湧き起こった。

「俺は日本人として、日本代表でプレーするんだな」

これまでも、自分が日本人であるとは思っていたが、心の底から「俺は日本人だ」とは思っていない自分がいた。

でも、このユニフォームに袖を通した瞬間に、僕は日本人の〝鈴木武蔵〟になれた気がした。大袈裟に聞こえるかもしれないけど、僕のなかでは、初めて周りからも日本人だと、目に見えるかたちで認められたような感覚があった。

「よし、やってやる！」

南野拓実と2トップを組んだ僕は、FWとしてスロバキアを相手にがむしゃらにプレーした。11分に拓実がゴールを決めて、幸先良く先制に成功すると、直後の13分、左サイドにスペースがあるのを見つけ、そこに全力で走り込んだ。すると、味方が僕の動きを見逃さず、正確無比なパスを届けてくれた。

僕はそのボールをトラップすると、対峙してきたDFに対し、フェイントを仕掛けてから一気に中央のスペースにドリブルで切り込んだ。その瞬間、ゴールまでまっすぐに伸びるシュートコースが、はっきりと見えた。

「よし、打てる！」

迷うことなく右足を振り抜くと、2カ月前、代表合宿での初ゴールと同じ感触が足から伝わってきた。足の甲が真芯を捉えていると確信できた。

打った瞬間、決まると思った。ボールがものすごい勢いでゴール左に突き刺さった瞬間には、すでに僕はガッツポーズをして走り出していた。

「武蔵、ナイスゴール！」

「めっちゃ、すごいシュートやんけ！」

僕のもとにチームメイトが、次々と祝福にやってきた。正真正銘の代表初ゴール。もう最高だった。さらに勢いに乗った日本代表は、スロバキアを相手に6—0の大勝をおさめた。

タイムアップの瞬間、僕は空を見上げた。

「日本代表として戦い切ったんだ」

もちろん自分のプレーのすべてに納得はしていない。でも、日本代表のユニフォームを着たら、肌の色はいっさい気にならなくなった。

「肌の色が白くならなくても、俺は日本人になれたんだ。周りから日本人だと認めてもらったんだ」

この気持ちは、小さなことかもしれないけれど、僕の人生においては大きな前進だった。

その頃、桐生第一高校でも、U-16日本代表でも、ピッチ外ではいじり役といじられ役を兼任していた。

みんなの話題に対して、「それ、それ！」と乗っかってボケたり、突っ込んだりして周りを盛り上げる。

とくに、モノマネは僕にとって大きな武器だった。最初はジャイアンやドラえもんのモノマネをみんなの前でやった。そして、「全然似てないじゃん！」とみんなに突っ込まれることで笑いを取っていた。

でも、あるとき、テレビの通販番組でよく見ていた「ジャパネットたかた」の高田明社長のモノマネを全力でやってみた。すると、「それ、めっちゃ似てるじゃん！」と周りからめちゃくちゃ褒められて、そこから、ことあるごとにやるようになった。

なぜ、みんなの前で率先してふざけたり、いじられたりするのか。その理由は「みんなの笑顔を見たいから」というシンプルなものだ。

やはり冷たい視線や、無視をされるより、喜んでいる顔を見たほうが嬉しい。これは、僕のなかに陽気なジャマイカ人の血が流れているからなのか、日本に来てから浴び続けてきた〝冷たい視線〟への恐怖心からなのか。正直、どちらも正解のような気がする。

チームメイトや仲のいい友達と盛り上がることは大好きだ。それは嘘偽りない本当の気持ちだ。でも、そんな人たちと一緒にいても、やはり、どこかで「異質と思われているのでは」という感情が抜けなかった。仲の良い関係になっても、心の奥底にあるこの想いだけは、どうしても消えなかった。

代表に入ってからも、「俺は代表選手だ！」という気持ちよりも、何か生意気なことを言ったり、みんなの癇に障るような言葉を言ったりしていないかが気になった。

「代表に行って調子に乗ってんじゃねえよ」とか、「お前は黒人だから、どうせ物珍しさで代表に呼ばれたんだろ？」とか、「なんでその見た目で日本代表なの？」と言われることが怖かったんだ。

実際に代表に入ってからは、そこまで言われなくても、桐生第一の試合でスタメンではなくベンチにいると、

「あの黒人、ベンチだぞ」

「日本代表も間違いで入ったんじゃないか」

という言葉が耳に入ってきた。試合に出ても、

「お前、本当に日本代表かよ」

そう言われることもあった。その言葉を耳にするたびに、周りもそう思っているんじゃないかと、どんどんマイナス思考に陥っていく自分がいた。そして、結局、行き着く先は、何も考えていないように明るく振る舞っておこうという結論だった。

「みんなに笑ってほしい。そう思って行動するのが俺なんだ」

小学生のときからずっともち続けている〝自分像〟は、自分のなかで強固なものに

なっていた。

チームと代表のはざまで

U-16日本代表では、しだいに呼ばれなくなる選手も多くいるなかで、なぜか毎回呼ばれるようになっていった。

戸惑いながらも、徐々に自信も芽生え、「この代表チームに貢献したい」という想いが、ますます強くなっていった。

あとから聞いた話だが、吉武監督は、僕が周りに強く要求しない理由をよくわかっていた。言いたくても、余計な争いごとを起こしたくないあまり、内に秘めてしまい、そのままなかったことにする僕の心を見抜いていたそうだ。

だから、吉武監督はいつも僕にこう言っていた。

「武蔵、もっと周りに要求しろ。そうじゃないと周りに伝わらない」

その一方で、試合前のミーティングでは、こう言ってくれていた。

「武蔵のタイミングでパスを出せ。もしも武蔵が後ろ向きでボールを受けて失ったら、それはパスを出した選手が悪い」

紅白戦でも実際の試合でも、チームメイトは、いつも僕のことを見てくれた。タイミングが合わないと、「ごめん！　武蔵」と言った。

逆に、僕のほうが悪い場合には、「今のはそこじゃない」「もっとこうしたほうがいい」とわかりやすく教えてくれた。

吉武監督に言われて、今も大事にしている言葉がある。

「自己主張をしないことはマイナス。日本の文化だと、何も自己主張しなかったら5段階中の3はつくかもしれないが、俺のなかでは違う。自己主張しない人間は1か2だ。たとえ間違っていても、きちんと自己主張する人間は4だ。それが正しい判断だったら5だ。要は何もせずに、ただ周りに流されているのは良くないんだ」

自己主張をしないと損をする。僕にずっと欠けていた部分だった。

この言葉に刺激を受け、もちろん完全ではないけど、しだいにサッカーのプレー中には自己主張ができるようになっていった。それに僕も周りの主張にきちんと耳を傾けて、なんとかその選手の良さを引き出そうと思うようになった。

吉武監督がつくった、94ジャパンの「自己主張をもっとしよう、相手の主張もきちんと受け止めよう」という環境のおかげで、僕はサッカー選手としての殻を破ろうとしていた。

こうした心境の変化のなかで、1人のチームメイトの存在が僕に影響を与えるようになっていった。U－16日本代表で、同じ早生まれの早川史哉（現・アルビレックス新潟）だ。

同い年ということもあって、僕は史哉と行動をともにすることが増えていった。史哉は冷静沈着で、つねに周りを見ながら行動していた。その落ち着いた雰囲気が、僕には居心地が良かった。

史哉は、天然パーマなのと、その頃から「大学に行って先生になりたい」と公言していたので、みんなからは「パーヤ先生」と呼ばれていた。先生になりたいという彼の想いは、僕の自動車整備士になりたいという意思とは、ちょっと質が違っていた。史哉は本気で先生を目指しているようで、合宿中の部屋でもずっと勉強をしていた。

史哉はすべてにおいて真面目だった。ビュッフェ形式の食事のときも、まずはサラダの山盛りを食べたあとに、煮物やひじきといった小鉢に入ったものを食べて、そのあとに魚や肉をバランス良く食べていた。

部屋に戻ってからも、ストレッチなどの体のケアをしっかりしているし、湿度を気にしながら水分補給のタイミングや量まで考えて摂取していた。

性格も穏やかで大人びていて、落ち着いていた。かといって笑うところは笑うし、ふざけるところではふざける。そのバランスが絶妙で、一緒にいて楽しかったし、とても勉強になった。

「プロフェッショナルというのは、史哉のような人間なんだな」

といつも思っていた。拓実といい、史哉といい、代表にくる選手は本当にすべてが刺激的だった。

僕は多くのものを、94ジャパンから吸収していった。

10月に開催されたＡＦＣ Ｕ－16選手権（Ｕ－17 ＦＩＦＡワールドカップアジア最終予選）のメンバーには、登録が遅かったため出場することはできなかった。だから、みんながＵ－17Ｗ杯の出場権をつかんでくれることを信じて、日本から応援していた。

大会では、拓実が大暴れの活躍をみせて、見事に世界の切符をつかんだ。

「来年は僕が世界で暴れたい。94ジャパンのために貢献したい」

僕のモチベーションは一気に上がった。

ちょうどそんなとき、拓実や（岩波）拓也と、何気ない話のなかで、それぞれの進路の話になった。

「そういや、武蔵は進路どうするの？」

「就職かな」

「え、就職？　嘘でしょ？　プロじゃないの？」

「いやいや、俺は拓実や拓也とは違うから」

「そんなことないよ。実際に武蔵はいろいろ注目されていると思うよ。なんでプロを考えないの？」

正直、言葉に詰まった。もちろん、僕の心の中では、プロに行けるものなら行きたいという思いはあった。

でも、僕は高校でもレギュラーではないし、強豪Jクラブの下部組織で大活躍していて、将来が約束されているようなエリートたちとは環境が違う。そもそも、僕はプロにはどうやったらなれるのかがいっさいわからなかった。僕は、昨日の自分を超えるために、周りの人に認められるために、そして、誰にも負けたくないという思いで、サッカーに打ち込んでいるだけだった。

2年生のときの全国高校サッカー選手権予選。

4・5・1のフォーメーションを敷くチームで、1トップに求められるプレーがうまくこなせなかった僕は、ベンチスタートだった。

後半からの出場が多かったけど、途中からでも試合に出たら、チームのために全力で頑張った。

決勝では前橋育英に0―3の完敗だった。その試合も後半から出場したが、何もできなかった。

僕の高校サッカーは、いよいよ残すところあと1年となった。

世界という舞台

2011年、僕は高校3年生になった。

U－17W杯を6月に控えるなか、僕は進路で悩んでいた。

代表入りしたことで、少しはプロを意識するようにはなった。ただ、現実を見ると、自動車整備士を目指すしかないと思っていた。

プロになりたいけど、なれるかどうかは半信半疑だった。周りにも「プロを目指している」とは言いたくなかった。

もともと大きな目標を口にすることは好きじゃない。いや、僕のなかで大きなことを言って、「お前なんかが偉そうに」とか、「お前が言うな」と否定されることが嫌だった。

「いちいち口にしなくても、内に秘めておけばいい」

やはり波風を立てたくはなかった。

代表メンバーが、トップ昇格やプロ内定を発表していくなかで、僕はプロからの誘いがないまま、6月のU－17W杯を迎えた。

直前までケガをしていたが、U－17W杯のメンバーに選ばれることができた。僕にとって初めての世界大会。日本代表の鈴木武蔵として、初めて世界の強国と戦うことになる。しかも、グループリーグ初戦の相手は、何と僕のルーツであるジャマイカだった。

「これも何かの巡り合わせだな」

と思いながら、僕は開催地のメキシコに旅立った。

6月9日にメキシコのトルーカでキャンプが行われた。トルーカは本番の試合会場であるモンテレイとほぼ同じ標高にある街で、僕らはそこで高地順化をする目的でハードな練習をした。トルーカで5日間トレーニングをしたあと、海抜0メートルのメキシコのリゾート地、アカプルコに移動した。

「ここからまたどんなハードなトレーニングが待っているんだろう」

そう思っていたら、吉武監督の口から驚きの言葉が発せられた。

「思いっ切りリラックスして、思いっ切り楽しめ！　以上」

いきなりそう言われて、みんな目を丸くした。

「え、楽しめ？　冗談でしょ？」

吉武監督は、本当に2日間、何もトレーニングを課さなかった。

僕らは綺麗なビーチが目の前にあるリゾートホテルに泊まっていて、思い思いの時間を過ごすことができた。

部屋でゆっくりとくつろぐ選手もいれば、海やプールに繰り出して泳いだり、はしゃいだりする選手もいた。僕も午前中は部屋でゆっくりして、午後からは拓実や拓也、（室屋）成、（植田）直通たちと海に行っては、はしゃぎまくっていた。

今考えても、ワールドカップの前に２日間の休日を選手に与えてくれる勇気はすごいと思う。

普通の監督ならば、大会前にやれるところまでやりたいと、毎日練習を詰め込むだろう。メディアや外部からの目も気にするだろう。そして、もしも大会で惨敗をするようなことになったら、真っ先に非難の対象になるだろう。

だけど、吉武監督は、「これまできちんと積み重ねてきたんだから、あとはいっぱい遊んでリフレッシュして、心も体もいい状況で大会に臨もう」と、チームをうまく仕向けてくれた。これがいかにすごいことか気がついたのは、僕が大人になってからだった。

話をメキシコに戻そう。

リフレッシュのかいもあり、僕たちはとてもいい雰囲気で大会本番を迎えることができた。吉武監督もチームに自信をもってくれていたし、僕らも吉武監督のために、みんなのために戦おうという気持ちになっていた。

初戦のジャマイカ戦の前日練習で、吉武監督は、

「武蔵、お前、ジャマイカでウサイン・ボルトに会ったりしていないのか?」

と、いつものように笑顔で茶々を入れてくれた。

「もちろん、友達ですよ! なんなら明日、観にきますよ!!」

そう僕が答えると、すかさず拓実や拓也が、

「そんなことあるわけないやろ!」

と関西弁で突っ込みを入れて、チーム全体にどっと笑いが起きた。緊張するはずの試合前日なのに、そんな和やかな雰囲気だった。やっぱり僕は、この雰囲気が、このチームが大好きだと思った。

ジャマイカが相手であっても、僕は日本人であり、日本代表選手だ。日本のために全力でジャマイカを倒す。それしか考えていなかった。

それでも、いざジャマイカとの初戦を迎えてピッチに入ると、ちょっとだけ不思議な気持ちになった。

僕が小学生でジャマイカに行ったときのように、「他国」なんだけど、どこかちょっとほかの国とは違う感覚があった。

肌の色もほぼ一緒だし、父の国であり、僕が生まれた国だ。それに目の前にいる選手たちは、僕と同年代の選手だ。もしもあのままジャマイカで暮らしていたら、友達になっていたり、一緒にサッカーをしていたりしたかもしれない。もしかすると、僕

があのジャマイカの黄色のユニフォームを着て、日本代表の前に立っていたかもしれない。そう思うと、少しだけ不思議な感じを覚えた。

両チームの国歌斉唱のときだった。ジャマイカ国歌が流れたときは何も感じなかったのに「君が代」が流れたときには背筋がピンと伸びて、震えが走った。

「俺、やっぱり日本人だ。日本のために戦うんだ」

そう心に誓い、僕は黄色のユニフォームのジャマイカに向かって走り出した。

この試合、僕らは1―0で勝利し、幸先の良いスタートを切ることができた。僕も、

「日本代表としてジャマイカに勝ったんだ。めちゃくちゃ嬉しかったし、やっぱり俺は日本人として生きていきたい」

と、自分の思いを再確認していた。

初戦を好発進した僕らは、第2戦のフランスを1―1のドロー、第3戦のアルゼンチンに3―1で快勝し、激戦グループと言われたグループBを、2勝1分の無敗で1位通過した。

快進撃もあって、チームの雰囲気はすごく良かった。僕らはアカプルコのバカンスから、いい意味でリラックスができていて、コンディションも抜群で勢いに乗れていた。

チーム内の雰囲気は明るく、一つのファミリーのような絆をもっていた。

メキシコでも史哉とずっと同部屋だった。史哉とはよくこのチームのことを話していた。史哉は僕らがふざけているときも、一歩下がった位置から笑顔で僕らを見つめていた。いつも穏やかな表情だけど、チームが引き締まらないといけないときは真剣な表情で周りを鼓舞し、不安や悩みがある選手がいれば、うまくサポートするなど、94ジャパンのなかで、一番の大人だった。その史哉も、

「本当にこのチームは楽しいし、俺は大好きだよ」

と言っていた。まったくの同意見で嬉しかった。

決勝トーナメントの初戦、ニュージーランド戦でも6―0の大勝をして、僕らはついにU－17W杯史上、日本チームとして初のベスト8進出を果たした。

ベスト4進出をかけた大一番の相手は、王者ブラジルだった。メキシコ南西部に位置するケレタロで行われた試合は、満員のスタジアムで行われた。

この試合を、僕はずっとベンチから見つめていた。ブラジルは個の能力が群を抜く高さで、おまけにフィジカルが強くてスピードもあった。

「これが世界トップレベルなのか」

と圧倒されたし、何より試合に出られないことが悔しかった。結局、激戦の末、2―3で敗れて、僕らのU－17W杯は幕を閉じた。

それでもベスト8という成績は胸を張ることができると思った。試合後に「ハポ

ン」コールを浴びながら場内一周をした光景は、今も目に焼き付いている。

大会を通してノーゴールに終わってしまったことも、「絶対この先、世界大会で点を取れるストライカーになってやる」という新たなモチベーションになった。

最終日、ホテルで1人ずつ、みんなの前で今後の決意表明をする場があった。僕はこのチームがこれで解散してしまうことが、悲しくて、悲しくてしかたがなかった。

「僕はこのチームじゃなきゃ、吉武さんじゃなかったら、代表に入っていなかったと思います。本当にみんなに感謝をしています。ありがとうございます」

さすがに決意表明まではできなかった。ほかの選手は「A代表を目指します」「ワールドカップに出場します」「海外で活躍する選手になります」と言っていたけど、やっぱり僕は、そういう先のことをみんなの前で言うのは無理だった。

ただ、間違いなく言えるのは、僕はこの代表で「自立する」ということを学んだ。吉武監督は、つねにこう言ってくれた。

「自分で考えろ。自分と向き合って、周りを見て、考えて行動する。そして、その行動には責任をもて」

自分を振り返ったときに、自分は母親に依存している部分が多かった。父親がいない僕は、やっぱり母親に頼っていた部分が多かった。でも、それではいつまでも自立できない。吉武監督は、それを僕に気づかせてくれた。

そして、一番の心境の変化は、自分を少しずつ肯定できるようになったことだ。

そもそも、自分が黒人ハーフではなかったら、きっと吉武監督も気にとめてくれなかっただろうし、この94ジャパンに選ばれることはなかっただろう。そうなれば、日本代表という自覚も、世界大会の厳しさと楽しさも味わうことができなかったはずだ。

「俺、やっぱりこの色でよかった」

肌の色が黒いことを、ずっと「悪いこと」と捉えていた。でも、成長を重ねていくうちに、周りがそれを肯定してくれるようになった。そのことで、自分のいいところに目がいくようになっていった。

僕のなかで「ほかと違う」というデメリットが、「オリジナル」というメリットに変化していった。

高校生になって、ようやく自分のことを少しだけ好きになることができた。狭い世界から、大きな世界が見えるようになり、自己否定の数は急激に減っていった。

プロへの切符

日本に帰国すると、大宮アルディージャから練習参加の話が届いた。

初めて届いたJリーグクラブからの具体的な話に、僕は本当に驚いた。何かの間違いではないかと。

練習参加の日、半信半疑の状態で、田野監督の車で大宮に向かった。クラブハウスにつくと、当たり前だが、そこにはたくさんのJリーガーたちがいた。テレビで見たことのあるオレンジの練習着を着て、僕は初めてプロの練習に参加した。

しかし、結果はボロボロだった。ボールは足元に収まらず、どこに動けばいいかわからなかった。困惑しているうちに時間だけが過ぎ、セットプレーの練習では競り合いの迫力のすごさに圧倒され、大きな衝撃を受けたまま練習参加が終了した。

「何もできなかった。やはりプロは無理かもしれない」

落ち込んだ状態で群馬に帰ると、後日、大宮から獲得はしないという連絡があった。

「やっぱりダメだったか。しかたないよね、あのできじゃ」

僕はそう自分を納得させようとしたが、結果を突きつけられて、「悔しいし、見返したい」という気持ちがふつふつと湧いてくるようになった。

自分の想像以上に、反骨心が生まれていた。チャンスをものにできなかった自分に腹が立った。

「絶対に、獲らなかったことを後悔させるくらいの選手になってやる」

そう心に誓った一方で、プロ志望だけでは、それがダメだったときのリスクマネジメントができない。そこが僕にとっての一番の不安であり、恐怖だった。

だから、母と真剣に進路を話し合ったとき、僕はこう告げた。

「一番はプロサッカー選手だけど、無理だったら、これまでどおり自動車の専門学校に行って自動車整備士になろうと思うんだ」

すると、母は「大学という選択肢もあるよ」と言ってくれた。

大学という選択肢は、それまでなかった。「自分には無理だ」と、はなから選択肢に入れていなかった。けれど、母の意見を聞いて、田野監督に相談をすると、

「お前には日本代表の経歴もあるから、いい大学でもサッカー推薦で取ってくれるかもしれないぞ」

と言われた。大学に行くのもいいなと思うようになった。しかし、季節はもう8月だった。あまり悠長なことを言っていられない時期だった。田野監督から、

「今、石川県で大学サッカーのフェスティバルをやっているから、実際に観にいってきたらどうだ」

と言われた。早速、母と2人で石川県に行き、大学サッカーの試合を観戦した。

いろんな大学チームを観るなかで、

「早稲田大学のサッカーは面白いなあ。早稲田ならば、プロサッカー選手になれなくても、いい企業に就職できるかもしれない」

という考えで、親子ともに一致した。

「俺、早稲田に行きたい」

そう母に告げた。すぐに情報を集め、早稲田大学の入学説明会に参加すると、推薦入学できる可能性もあると知らされた。早稲田大学への入学に向け、着々と準備を進めていた。

ところが、そのとき、アルビレックス新潟から練習参加のオファーが届いた。

「これが僕にとって、高卒でプロになるためのラストチャンス。絶対にこのチャンスを逃したくない」

参加が決まってから、僕の頭の中には、大学の選択肢も、就職の選択肢もなくなった。もうアルディージャのときのような思いはしたくない。何が何でもここでプロになるという気持ちに火がついた。

新潟にも田野監督の車で向かった。その車内でいろんな話をしていたが、アルビレックスの練習場が近づいてくるにつれて、少しずつ緊張していった。

そんな自分を気遣ってか、田野監督はいきなりクイズを出してきた。

「武蔵、あれなんて読むんだ!?」

突然、前を指差した。そこにはアルビレックスの練習場がある「聖籠町」と書いてある、大きな看板があった。

「何すかね、せい・りゅう・ちょう?」

「ははは、あれは『せいろうまち』と読むんだ!」

「え、そんな読み方なんですか?　あれ」

「武蔵が代表デビューした試合会場のすぐ近くだぞ」

「え、そうなんですか?　なんか運命感じますね」

そんな何気ないやりとりだったけど、僕は肩の力を抜くことができた。

「よし、やってやる!」

覚悟が決まった瞬間だった。

「全力で頑張ってこいよ!」

と、田野監督の激励に背中を押されて、二度目となるプロの練習に参加した。

僕は初日からがむしゃらに走った。パス回しの練習でも、5対5のゲームでも、とにかく走りまくった。攻撃になれば、パスをもらうために走った。守備でも、これでもかとボールを追いかけた。接触プレーでも、怯まずに向かっていった。初日から足が攣るまで全力で走り抜いた。

２日目も３日目も、僕はとにかく全力で走った。技術では、プロのレベルではなかったかもしれない。でも、僕はアルディージャの練習参加のときのような、後悔だけはしたくなかった。あと先のことは考えずに、サッカーだけに集中した。

練習参加を終えて、群馬へ帰るときだ。僕はアルビレックスのクラブハウスの前で、何面にも広がる天然芝のピッチを見つめていた。そして、

「絶対にここに戻ってくる」

そう誓って、新潟をあとにした。

数日後、僕は田野監督に呼び出された。

「武蔵！　アルビレックスから、正式なオファーが届いたぞ！」

「え、本当ですか？」

「おう、本当だよ！　武蔵、よかったな!!」

「あ、ありがとうございます！　嬉しいっす!!」

本当に嬉しかった。ついに僕は、プロサッカー選手になることができる。これからはアルビレックス新潟のために全力を尽くそうと心から思えた。それと同時に、また、自分が一つ認められた気がして、自分に対してポジティブになることができた。

２０１１年10月９日、僕のアルビレックス新潟加入内定が発表された。

歓喜の輪

高校生最後の選手権が待っていた。

桐生第一は、これまでインターハイにこそ出場しているが、高校選手権の全国大会には一度も出場したことがなかった。

群馬の絶対王者である前橋育英を倒さないかぎり、全国の扉は開けない。チームは「今年こそ」と気持ちが入っていた。僕自身もプロ入りを決めてからは、調子が良かった。しかし、予選の直前に右膝を負傷。予選の初戦はベンチスタートだった。

順当に勝ち進み、準々決勝の伊勢崎商業戦は、試合には出場しなかったが、仲間たちが本当に苦しい試合を延長戦の末に、1―0で勝利してくれた。準決勝の新島学園戦は後半途中から出場して2―0で勝利した。そして僕らは、2年連続の決勝進出を果たした。

決勝の相手は当時5連覇中の前橋育英だ。群馬県立敷島サッカー・ラグビー場で行われた試合で、僕は予選初スタメンを果たした。

試合は先制を許す苦しい展開となった。後半に入っても立ち上がりに失点してしまい、0―2になった。

「今年も前橋育英か」

そんな雰囲気がスタジアムを包み始めていた。

でも、僕らは誰一人としてあきらめていなかった。もうこれ以上失点はできないと、守備陣が体を張って相手の攻撃をしのいでいた。そのなかで、68分、前橋育英の選手が、２枚目のイエローカードで退場した。ここから流れがガラッと変わった。

70分に１点を返すと、プレーしていてもわかるほど、スタジアムの雰囲気が異様な熱を帯びていた。

「ひょっとしたら、何かが起こるかもしれない」

そんな空気が増した終了３分前の77分、ついに同点ゴールが決まった。試合は２―２のまま延長戦にもつれ込んだ。

「絶対に勝つぞ！　３年間やってきたことを出し尽くすぞ!!」

延長戦、全員で円陣を組んで気持ちを一つにした。迎えた延長前半９分、僕らは右サイドでフリーキックを獲得。このとき、僕らには用意していた秘策があった。それはフリーキックのトリックプレーだった。

ボールをセットした場所に２人が立った。１人がニアに蹴るように見せかけてキックフェイントを入れると、別の１人がファーサイドにまわり込んだ味方へボールを蹴り込んだ。そのボールをヘッドで落としたところに、チームメイトがシュートした。

一度はＧＫに弾かれたけど、再び執念で押し込んだ。

このトリックプレーは、94ジャパンでやっていたものだった。

僕もメキシコでさんざん仕込まれて、しかも得点確率が高かった。そこで、桐生第一に帰ってきたときに、

「これは選手権予選や全国大会で使えると思います」

と、田野監督に提案し、採用されたものだった。

相手の意表を突くかたちなので、何度もやることはできない。「ここぞ」という場面でやろうとみんなで話していて、このときが「ここぞの場面だ」と意見が一致した。

このゴールが決勝点となって、僕らは3―2で前橋育英に勝利し、悲願の選手権初出場を手にした。

タイムアップの瞬間、スタンドやベンチから仲間たちが次々と飛び出してきて、僕の周りには一気に歓喜の輪ができた。そのなかには、応援に来ていた小学生の子どもたちの姿もあった。３６０度、どこを見まわしても笑顔があふれていた。

その光景は、一生忘れることはないだろう。

桐生第一に入ったときから、ずっと目標にしてきた前橋育英に、最後の最後で、信じられないドラマの末に勝つことができた。アドレナリンが全身からあふれ出て、嬉し泣きもできないくらいに興奮した。

　しかし、僕はこの県予選ではノーゴールだった。決勝戦での80分間で、一度大きな決定機を迎えたが、僕の放ったヘディングシュートはＧＫに阻まれた。延長後半にも、いくつかの決定機があったのに、すべて外してしまった。

「全国大会でこそ、僕がゴールを決めまくって、チームの勝利に貢献してやる」

　そう決意して、高校最後の大会となる全国高校サッカー選手権大会を迎えた。

　初戦となった2回戦の島根県代表の大社高校戦。僕はいきなり3得点を決めて、ハットトリックを達成した。予選決勝でライバルの前橋育英を倒したことで、チーム全体の意識が大きく変わり、練習のクオリティも格段に上がった。

　僕へのパスもどんどんくるようになり、チームがワンランクもツーランクもレベルアップしたような気がしていた。

　大社戦では自分の欲しいタイミングでパスが届き、ゴールを決めることができた。1点目は、ＤＦのクロスに全速力で追いついて右足シュート。2点目はＭＦ（ミッドフィルダー）の折り返しを右足アウトサイドでシュート。そして3点目は、ドリブルで切り込んでファールをもらいペナルティキックを獲得。普段はキャプテンが蹴るところを、ここはお願いをして僕が蹴らせてもらった。

　この活躍で僕は一気に注目の的となった。この大会は白崎凌兵、和泉竜司（共に現・鹿島アントラーズ）というトップレベルのストライカーが出場していた。

白崎は清水エスパルスに入ることが決まっていたし、和泉は明治大学に進学予定だったが、2人とも僕からしたらスーパースターだった。

たしかに僕もプロは内定しているし、U-17W杯に出場はしたけれど、U-17W杯に出られたのは、僕が早生まれだったからだし、一つのクラブからは不合格をもらっていた。だから、自分が彼らと肩を並べて報じられることが不思議でならなかった。

注目をされるのは正直、嬉しかったけど、ちょっとだけ不安があった。それは観客やメディアがたくさんいる場所で目立つと、僕のことをよく思わない人や意見も出てくるのではないかと思ったからだ。

でも、そんなことはなかった。周りからは「すごいね!」と言われた。メディアからも、ポジティブに書かれることが多かった。スタジアムに着いても、

「あれが鈴木武蔵だぞ、すごそうだな!」

と言われた。試合でも、僕が抜け出したり、シュートを打ったりすると、大きなどよめきと拍手が起こった。

さらに、アルビレックス新潟のサポーターの人たちが、僕に対して粋な計らいをしてくれていた。試合会場に「ようこそ、新潟へ」という横断幕を貼ってくれたのだ。

「応援されているんだ」と本当に嬉しかった。

続く3回戦の奈良育英高校戦では、攻撃陣が大爆発して4—1の快勝。僕も2試合

連続ゴールを挙げることができた。

初出場でベスト8。快進撃を続けるチームに多くの注目が集まったが、準々決勝で福島県代表の尚志(しょうし)高校に1―3で敗れた。僕もノーゴールで終わり、高校最後の選手権は幕を閉じた。

選手権は本当に幸せな時間だった。今までとは全然(ぜんぜん)違う注目のされ方をして、びっくりするほどだった。正直、もっと辛辣(しんらつ)な言葉を浴びるんじゃないかと思っていたけど、最後までそんなことはなく、それどころか褒めてもらうことが多かった。

「鈴木武蔵って名前、かっこいいですね」

スタジアムの外で、そう声をかけられたときは心の底から嬉しかった。

今思っても、最高の高校3年間だった。人としても、サッカー選手としても、大きく成長させてもらった。そして、少しずつだけど、黒人のハーフで良かったと思えた3年間だった。

2012年3月。僕はお世話になった桐生第一高校を卒業し、初めて親元(おやもと)を離(はな)れ、新潟での生活をスタートさせた。

第5章

プロの世界

意外な感情

不安と希望が入り混じった、プロサッカー人生がスタートした。

入団当時、アルビレックス新潟はＪ１に所属していたが、ここでのステップアップを誓って、僕はキャンプに臨んだ。

ところが、初っ端からトレーニングのレベルの高さに驚いた。技術のレベルはもちろん、プレーの強度、切り替えの速さなど、高校時代とは別世界で、正直しんどかった。当然と言えば当然か。僕はもう練習生ではなく、プロサッカー選手なのだから。僕は毎日のトレーニングをきちんとこなすことに必死だった。

そんなついていくのにやっとの僕に対して、公私ともにサポートをしてくれたのが、当時、プロ５年目だった鈴木大輔（現・ジェフユナイテッド市原・千葉）だった。大輔くんは、石川県の星稜高校からアルビレックスに入り、試合でも大活躍をしていた。つねにサッカーを中心に考えていて、オンとオフの切り替えもしっかりしている、まさにプロの中のプロだった。

プロの選手たちは、国籍、年齢、経歴に関係なく、新加入の選手と接することに慣れているので、違和感なく受け入れてくれた。そのなかでも大輔くんは、僕をよく食事に誘ってくれたり、練習中もアドバイスをくれたりした。

「お前のおでこ、広くてつやつやかでめっちゃかわいいな」

と、ときには僕をいじって周りの選手に馴染みやすくしてくれて、本当にかわいがってもらった。

嫌いだったウニも、大輔くんが連れて行ってくれた、人生初の〝回っていないお寿司屋さん〟で食べたら、その瞬間に好物になった。

そんな大輔くんのおかげもあり、心地よい環境のなかでサッカーができた。

ところが、そのなかでまた、あの感情が再燃した。

プロ選手になると、いろいろな契約があった。僕にはわからないことだらけだったので、同世代の選手たちにどうしているのかを聞いた。すると、多くの若い選手たちは、こう返してきた。

「父親に聞いてから決めている」

「父親と話し合って、意見をもらっている」

その言葉を聞くたびに、「俺にもお父さんがいたら、相談できていたのかな」と再び思うようになった。

それは父親に会いたいというような感情ではなくて、父親の存在はとても大事なのだというものだった。

休みの日になると、新潟市内にショッピングに行った。

けれども、いざ自分で服を買おうとすると、とても戸惑(とまど)った。考えてみると、高校時代はほとんどがジャージで、そのほかは母親か祖母が買ってきた服しか着たことがなかった。

「あれ、俺はどんな服が似合うんだろう？　どれを着ればいいんだろう」

周りの選手の服を真似て買ったけど、自分は色が黒いから、似合うとはかぎらないだろう。

「お前、その色でその服はないわ」

と言われてしまうんじゃないか。

「僕に似合う服ありますか？」

と聞かれても、きっと困ってしまうんじゃないか。店員さんも、

小学校3年生のときの〝理髪店(りはつてん)でのトラウマ〟が、服を買うときにも影響(えいきょう)していたのかもしれない。そんなことを言う店員さんはいないはずなのに、

「肌が黒いし、頭がくるくるなので、似合(にあ)う服はありませんよ」

と言われるのではないかと思った。ましてや、店員さんに、

「僕、似合ってますか？」

なんて聞くことは、まかり間違ってもできなかった。だから、服を買いに行くこと

からも、しだいに遠のいていった。そして、そのときもふと思った。

「もし俺にお父さんがいたら、お父さんのファッションを真似したり、アドバイスをもらえたりするのにな」

父親は肌の色が黒いジャマイカ人だ。きっと、父親が着ている服であれば、僕が着てもおかしくない。僕の父親は、僕のわずかな記憶のなかでは、とてもファッションにこだわっていて、かっこいい服を着ていた印象があった。

「今まではお母さんの意見だけを聞いてきたけれど、お父さんがいたら違っていたのかな」

そのときからだった。

「こういうお父さんがいたらよかったのにな」

自分がもしも父親になったら、子どもの疑問や意見に耳を傾けて、コミュニケーションが取れる父親になりたいと思った。世間に対しての考え方や、仕事に対しての考え方を教えたいと思うようになった。

そして、僕の子どもには、僕のような思いをさせたくないと思った。父のことは今でも恨んではいないし、嫌いでもない。ただ、不在だったから、教えも期待も何もなかった。

かっこよくて、家族のためにしっかり稼いで、遊んでくれる。いつまでも生き方を示してくれる父親になりたい。子どもにとって、大切で偉大な父でありたい。そう思うようになった。

自分のなかで、父親像が芽生え始めた転機だった。

小さな一歩

プロになってからも困っていた問題は、散髪だった。

プロ選手になり、中学生や高校生のとき以上に、みんなが自由にかっこいい色や髪型をしていた。個性的で華やかなヘアスタイルの選手が多かった。

憧れをもちながらも、やはり美容院には行けなかった。高校時代は、自分でバリカンを使って丸坊主にすればよかったが、さすがにプロになってからも丸坊主というのは、どこか気恥ずかしかった。

自分の好きなように、自由な髪型をしてみたい。頭の中で何度も美容院に行くシミュレーションをした。でも、白い布をかけられることを想像すると、勝手に美容師さんの心の声が浮かんでくる。

「いったい、どこを切ればいいの？」

そう考えると、やはり気持ちは萎えてしまった。

トレーニング後のクラブハウスでも、髪型の話題になることはよくあった。

「お前も美容院に行ってかっこいい髪型にしてこいよ！　もしもどの美容院がいいかわからなかったら、俺の行きつけを紹介するぞ」

そう声をかけてくれる先輩選手もいた。でも、僕はおちゃらけた様子で、

「いやいや、僕はこんな天然パーマなんで、美容院に行ったら絶対に笑われますよ！」

そう言って周囲の笑いを誘っていたが、これは紛れもない本音だった。

結局、プロ１年目はお店に髪を切りにいくことはできず、高校時代と同じように、自分でバリカンを使って切っていた。

プロ２年目のことだった。１歳年下で、U－17W杯にも一緒に出場した川口尚紀（現・柏レイソル）が、トップチームに上がってきた。

ときどき起こる僕と先輩選手のやりとりを、何回か目の当たりにした尚紀は、僕の本音に気づき、ある日こう言ってきた。

「武蔵、もし行きづらかったら、俺と一緒に行こうよ」

「う、うん。尚紀が行くなら、俺も行こうかな」

でも、美容院に行く前日は、なかなか眠りにつけなかった。勢いで「行く」と言っ

てしまったが、目をつぶると、あの理髪店の記憶が頭の中をぐるぐるとまわった。

「あんな軽はずみに言うんじゃなかったな」

何度も携帯を手にして、尚紀に断りのメールを入れようとした。

「ごめん、明日の美容院だけど、急用ができて行けそうにないや」

そんな文面を打っては消し、打っては消しを繰り返していると、僕はそのまま眠りについていた。

翌日、尚紀に断れないまま、寮から美容院に向かった。

道すがら、僕は緊張していた。それを尚紀に悟られないように、必死で振る舞っていた。でも、いざ美容院の前に到着すると、入ることに躊躇して立ち止まってしまった。すると、そんな自分を見て尚紀が背中を押してくれた。

「武蔵、大丈夫だって！」

その言葉で思い切ってお店のドアを開いた。店内には椅子がいくつかあった。

「あ、あのときの椅子に似ている！」

と、僕は一気に記憶がフラッシュバックした。でも、ここまで来たらもう一歩も引くことはできない。

僕は意を決し、椅子に座ったが、目の前の鏡に映る自分の姿を見て、すぐに視線を逸らした。すると、担当してくれる美容師さんが近づいてきて、

「今日はよろしくお願いします」

と挨拶をし、僕の髪の毛を触りながら、チェックし始めた。

「やばい、絶対に『これは切るのが難しいですね』と言われるパターンだ」

そうビクビクしていた。でも、その美容師さんは笑顔でこう言った。

「いい髪ですね。今日はどのような髪型にしますか？」

「え、え、えーと……」

僕は戸惑いながら、

「横を切って、上を染めてください」

と伝えた。すると美容師さんは、

「かしこまりました、色はどうなされますか？」

と、また笑顔で聞いてきた。そんなやりとりをしていくうちに、僕の肩の力がどんどん抜けていくのがわかった。でも、やっぱり鏡を見ることはできず、ずっと目をつぶっていた。

「はい、これで完成です！　どうですか？」

美容師さんにそう言われ、ぱっと鏡を見ると、そこには今まで見たことがない綺麗な髪型の自分がいた。

「うわ、めっちゃいい！　美容院って素晴らしいな」

その瞬間、心から感動してしまった。ずっと髪型をいじれなかった自分が、美容師さんの手によって綺麗に整えられ、色まで入れてもらえた。

「体型もすらっとしていらっしゃいますし、お顔もとても小さいから、やっぱりこの髪型がものすごく似合いますね。かっこいいですよ」

美容師さんのこの一言に、思わず涙が出そうになった。

「今の今まで、ずっとトラウマだったけど、そんなに思い詰めるような大した問題じゃなかったんだ」

たんに美容院に行っただけなのに、大袈裟だなと思う人もいるかもしれない。けれど、僕には新たな世界の扉が開けたような瞬間だった。

次の日、練習場に行くと、新しい髪型をみんなが褒めてくれた。

「やっぱりハーフは違うな、かっこいいわ、その髪型！」

この日を境に、しだいに鏡に映る自分を受け入れられるようになった。それは同時に、自分と向き合う、ありのままの自分の姿を受け入れるということの大きなきっかけになったんだ。

プロ１年目の２０１２年シーズンは、５月19日のＪ１リーグ第12節のジュビロ磐田戦に後半から出場し、Ｊリーグデビューを飾ることができた。

その後も、すべて途中出場だが、リーグ戦９試合に出場し、ヤマザキナビスコカップ（現・YBCルヴァンカップ）では、プロ初ゴールを決めることができた。

1年目としては、まずまずのスタートを切ることができた。

プロ2年目は、リーグ15試合に出場し、J1第13節の川崎フロンターレ戦で念願のリーグ初ゴールをマークした。

結局、リーグ通算は15試合出場の2得点で、スタメン出場は一度もなかった。プロ2年目としては決して悪い数字ではないが、良い成績でもなかった。

そんなときに、僕は運命の人と出会った。

運命の人との邂逅

プロ2年目のことだった。僕は新潟に住んでいる、ある女性と出会った。彼女に会った瞬間、

「あ、俺はこの人が好きだ」

と、本能で感じた。まさに雷に打たれたような感覚だった。これは僕にとって初めての経験だった。

その日から毎日、連絡を取るようになった。僕は好きという気持ちはもっていたけど、言葉にはしなかった。でも、しだいに同じ時間を過ごすことが増えていった。

彼女は、僕の過去やルーツをいっさい詮索してこなかった。そもそも僕がサッカー選手だということも知らなかった。

プロになってから近づいてくる女性もいたけど、それはサッカー選手という看板で僕を見ているだけだと思っていた。彼女にはそんな視線をいっさい感じなかった。

「僕はきっと、この人と結婚するんだ」

2015年1月19日、僕は彼女と入籍した。そして、長男が生まれた。

今度は僕が父親になった。父親との思い出がほとんどない僕が、経験できなかったことを子どもにしてあげよう。目いっぱい向き合って、目いっぱい愛情を注ごう。そう思った。

愛する家族と過ごす時間をもつことで、僕の心は安定した。ただ、家庭内でも自分の殻を破ることができないことにもしだいに気がついた。

どこの家庭もそうだと聞くが、子どもが生まれると、育児や家事のことで、妻と喧嘩する回数も増えていった。

でも、妻に何かを指摘されても、言い返すことができなかった。というより、何を言っていいのかわからない。どう伝えていいのかわからない。だから沈黙するか、

「わかったよ」と返事をして、自分のなかに感情を無理やり押し込めた。

自分を守るためにつくりあげた殻が、今度は自分のじゃまをするようなった。

自分の素を出すことで、より喧嘩をしてしまうのではないか。その感情よりも自分がこれまでつくりあげてきた殻が硬すぎて、自分の力でもこじ開けられないようになってしまっていた。

言いたいことがあっても、伝えたいことがあっても、言葉に出せない。出そうとしないのではなく、出てこなかった。

決して仲が悪かったわけではない。信頼関係は深かったし、妻は変わらず、心から大事にしたいと思える存在だった。

でも、これまでの僕は、とりあえず周りと波風を立てないように、怒られないように生きていく選択を優先し続けてきた。人に打ち明けて、面倒なことになるくらいならば、自分の心の中に閉じ込めてしまったほうが問題は起こらない。

今思うと、家族に対してまで、無意識のうちに殻に閉じこもってしまっていた。

結局、その殻を打ち破るのには、５年もかかった。それについては、またあとでふれたいと思う。

負のスパイラル

一方、プロ生活は順風満帆ではなかった。むしろ、挫折の連続だった。

原因は、筋肉系のケガを繰り返していたことだった。1年に2回は肉離れを起こし、思うようにプレーできなかった。

そして今振り返ると、メンタル面もまだまだ未熟だった。

レギュラーを取ったわけではない。でも、出番がないわけでもない。中途半端に出場できている環境に、僕は甘えてしまっていた。プロ生活の1日1日、1試合1試合を、心から大切に思えていない自分がいた。

プレースタイルも、身体能力ばかりに頼るようになっていた。

高校時代、しだいに自分の身体能力に自信をもち始め、ハーフであることのメリットを感じるようになった。でも、はるかに厳しいプロの世界でも、自分の身体能力は通用すると過信しすぎていたのかもしれない。

プレーをしてはすぐにケガをするというサイクルの繰り返しだった。復帰をしても、なかなかコンディションが維持できず、周りとの連携も噛み合わず、またケガをしてしまっていた。

プロ3年目は、リーグ29試合に出場できた。そのうち14試合はスタメン出場とコンスタントに出番を得たが、挙げたゴールはわずかに3点のみだった。自分に一番必要とされている、ストライカーとしての期待に応えられなかった。

２０１５年８月に、３年半を過ごしたアルビレックスから、Ｊ２の水戸ホーリーホックに期限付き移籍をすることが決まった。

僕自身、初となるＪ２リーグ。ここから巻き返す気持ちでいた。しかし、またしても肉離れを２回起こしてしまった。結果的にはリーグ戦の出場は６試合に留まり、得点も２点という情けない数字に終わった。

翌２０１６年、アルビレックスに復帰した。

「もう一度新潟で輝かないと、僕のプロキャリアは終わってしまう」

そう覚悟を決めて臨んだシーズンだった。

1月には手倉森誠監督（現・ベガルタ仙台監督）が指揮する、U－23日本代表の一員として、リオデジャネイロオリンピックアジア最終予選にあたるＡＦＣ　U－23選手権のメンバーに選出された。カタールで再び日本代表としてプレーすることができた。

この大会、僕らは強烈にプレッシャーを感じていた。日本はこれまで１９９６年のアトランタ五輪からシドニー、アテネ、北京、ロンドン五輪と、５大会連続出場を果たしていた。4年後の2020年には東京五輪が決まっていたため、万が一、僕らが出場権を逃せば、その連続出場を途切らせることになってしまう。

「絶対に出場権を取らなければいけない」

そんな義務を背負いながら、僕らはこの大会に臨んでいた。

グループリーグを3戦全勝で突破し、決勝トーナメント初戦となる準々決勝でイラ

ンを下した僕らは、勝てば6大会連続の五輪出場が決まる準決勝のイラク戦を迎えた。

この試合でスタメン出場した僕は、26分に左サイドで縦パスを呼び込むと、食いつ

いてきた相手DFの裏のスペースにワンタッチでボールを運び出して、そのままスピ

ードに乗ってドリブル突破を試みた。

顔を上げると、ニアサイドのスペースにFWの久保裕也（現・FCシンシナティ）

が走り込んでいるのが見えた。

「ここしかない！」

そう思った僕は、左足でグラウンダーのクロスを上げると、裕也が綺麗にスライデ

ィングシュートで合わせ、チームに先制弾をもたらした。

その後、一度は同点に追いつかれ、僕も68分にベンチに下がったが、ずっと「勝っ

てくれ」と祈るように試合を見つめていた。後半アディショナルタイム3分、原川力

（現・セレッソ大阪）の豪快なシュートがゴールに突き刺さった瞬間、僕はベンチ前

でみんなと抱き合った。気がつくと涙が流れていた。

「頼む、もう終わってくれ！　頼む!!」

　残り時間を祈るような気持ちで見つめていた。そしてタイムアップのホイッスルが鳴り響くと、僕はピッチの仲間たちのもとへ夢中で走り出していた。

「やった、勝った！　オリンピックに行けるぞ!!」

　もう涙が止まらなかった。これは勝った喜びで初めて流れた涙だった。

　この瞬間まで、試合に勝って涙を流したことがなかった。負けたときや、勝っても自分が活躍できなかったことによる悔し涙はたくさんあったが、嬉しくて泣いたのは初めてのことだった。

　この大会、勢いに乗った日本は決勝で韓国と対戦して3―2で勝利し、アジアチャンピオンを手にすることができた。ただ、僕はイラク戦でアシストをすることができたが、6試合中スタメン出場は3試合でゴールもわずか1ゴールと、決して活躍できたとは言えないできだった。

「このままではリオ五輪も厳しいな。そもそも、代表なんて考えないで、自分がどう成長していくかを考えよう」

　そう思い、アルビレックスでのプレーに集中することにした。しかし、それでもケガを負ってしまい、その影響でシーズン当初はずっとベンチ外を経験した。

ようやく出番が訪れたのは、6月11日のＪ1リーグファーストステージ第15節の大宮アルディージャ戦だった。ここからコンスタントに試合に出場できるようになった。しかし、スタメン出場はわずか1試合のみで、それ以外はベンチ外か、途中出場という苦しい立場だった。

8月4日に男子サッカーが開幕するリオデジャネイロ五輪の1カ月前、僕はチームメイトである松原健（現・横浜Ｆ・マリノス）くんと、野津田岳人（現・ヴァンフォーレ甲府）の3人で、新潟市内の焼肉店で食事をしていた。

すると、僕の携帯電話が鳴った。電話の主は手倉森監督だった。

「もしもし、鈴木です」

「武蔵、今回はリオ五輪の最終メンバーの選考には入れないことになった。でも、すまないがＦＷのバックアップメンバーとして帯同してほしい」

「はい、わかりました。わざわざありがとうございます」

そう言って電話を切った。健くんも岳人も同年代であり、同じくＵ－23日本代表候補に入っていたメンバーだった。だから、その場で2人に伝えた。

「あ～あ、俺、五輪のメンバーに落ちたわ」

すると、今度は目の前の岳人の携帯が鳴った。手倉森監督からだった。そして、同じく落選の電話だった。2人で落ち込んでいた。

唯一、電話が鳴らなかった健くんは僕たちを慰めてくれたけど、健くんも翌日に発表された最終メンバーに入っておらず、アルビレックスの3人は全員落選してしまった。

「悔しいけど、頑張ろうな」

そうお互いを励まし合った。僕は正直、サポートメンバーということへの落胆が大きく、ブラジルに行くことに乗り気ではなかった。

しかし、岳人はそんな自分にこう話した。

「俺だったら、たとえサポートメンバーでも、必死にみんなをサポートしたい。いい経験だし、絶対に楽しいよ」

健くんも

「俺はサポートメンバーにすら入れなくて悔しいよ」

と思いを隠さずに伝えてくれた。

2人は僕の背中を押してくれた。

「たしかにそうだな。サポートメンバーであっても、日本代表を支える一員として動けることは名誉なこと。それに、何よりここまでずっと一緒にやってきたメンバーなのだから、変にモチベーションを落とさずにみんなのサポートを精一杯やろう」

僕はサポートメンバーになることを承知することにした。すでにブラジルで事前合宿を行っていたチームへは、大会数日前に合流した。

ブラジルに到着すると、関係者から急に告げられた。

「もしかすると、チーム事情で久保裕也が来られなくなるかもしれない」

そんなことはあるはずがないと思った。

「もしかしたら俺、出られるかも。いやいや、それはない。多分、裕也は来るはずだ」

そう思っていたが、実際に裕也は来ることができず、僕が代わりに追加登録された。初戦のナイジェリア戦のわずか2日前のことだった。

複雑だった。チャンスはあるかもしれないとは思っていたが、まさかこんなかたちで、ギリギリのタイミングで追加されるとは思っていなかった。

でも、日本代表として日本のために頑張ろうと、モチベーションを上げて初戦のナイジェリア戦に臨んだ。

乱打戦となったこの試合、日本は3点を奪うも、ミス絡みで5失点。ピッチ上には重たい空気が流れていた。

「俺が入ったら絶対にゴールを決めて流れを変えてやる」

ピッチサイドでアップをしながら、僕はずっと心の中で思い続けた。そして、3―5のスコアで迎えた70分、オーバーエイジ枠として出場していた興梠慎三（現・浦和レッズ）さんに代わって投入された。

裕也はここに来たくても来られなかった。そんな裕也の想いもあるし、同じサポートメンバーの野津田をはじめ、チームのためにブラジルに来て、精一杯のサポートをしてくれている仲間がいる。

「彼らの想いを代表して、僕はピッチに立っているんだ。まだ20分ある。最低でも2点は取って同点に、さらにもう1点取って逆転する」

何が何でもチャンスをものにしようと思ってピッチに躍り出た。しかし、その思いとは裏腹に、チャンスをつくれないまま時間だけが経過していき、後半アディショナルタイムに差し掛かった。

チームからはあきらめの雰囲気が少しずつ出始めていた。でも僕は、

「まだ行ける。絶対に追いつける」

と信じて疑わなかった。後半アディショナルタイム5分、中盤のこぼれ球をMF大島僚太（現・川崎フロンターレ）くんが拾った瞬間、目が合った。

「足元にパスをくれ！」

僕がとっさに要求すると、僚太くんはピタリと僕の右足に正確なパスをくれた。

僕はそれをコントロールして目の前にいるDFをかわすと、ゴール左隅に伸びるシュートコースを狙って迷わず左足を振り抜いた。

ブロックに来たDFをすり抜けるように、狙いどおりのコースを辿ってボールがゴールに吸い込まれていった。

「あと何分あるんだ！　早くもう1点取らないと」

僕の頭の中は、喜びよりも残り時間が気になってすぐに自陣に戻った。

だが、無情にも残り時間はなく、試合は4―5でタイムアップを迎えた。

「追いつけなかった。重要な初戦を落としてしまった」

ショックは大きかった。僕だけでなく、チームとしてもそうだった。

続く第2戦のコロンビア戦では、僕の出番はなく、チームも2―2のドロー。この時点で、決勝トーナメント進出は他力本願となってしまった。

結果、第3戦のスウェーデン戦は1―0の勝利を収めたが、コロンビアがナイジェリアを下したことで、日本のグループリーグ3位が確定し、グループリーグ敗退が決まった。

僕は2試合の途中出場で1ゴール。到底納得のいく結果ではなかった。しかし、自分のなかでナイジェリア戦のゴールは、大きな意味をもっていた。

僕はどこまでもあきらめの悪い男だ。これまでもどんなに点数を離されても、敗戦が確定しているような試合でも、僕は点を取ることをあきらめたことはなかった。吉武さんが見てくれていた県選抜の試合だって、大量リードをされていても、決してあきらめられなかった。

単純に負けたくない。それは試合だけでなく、自分の気持ちにもそうだった。

たとえ目の前の試合が負けそうでも、次の試合は必ずくる。それなのに、負けそうだからといって、その瞬間をあきらめてしまっていたら、次の試合には絶対につながらない。つねに目の前の試合は次の試合のスタートだ。最後までゴールを求め続ける。

だが、この気持ちはリオ五輪後、少し空回りをすることになった。

二つの気づき

リオ五輪から帰国したが、なかなか調子は上がらなかった。

再びベンチ外とベンチ入りを繰り返し、出場しても短い時間だけだった。最後のリーグ2試合は、スタメンでフル出場を果たしたが、結果はリーグ戦に14試合の出場で、ルーキーイヤー以来となるノーゴール。

ゴールを奪いたい貪欲な気持ちをもっていても、結果につながらないジレンマが続いた。

翌2017年も開幕戦でベンチ外。それ以降は短い時間の途中出場という、前年と変わらない状況が続いた。

「このまま俺はプロサッカー選手として大成せずに終わるんじゃないか」

少しずつ危機感と焦燥感が、僕を支配していった。それは家庭でも表れた。

子どもとは仲良く遊んでいたが、妻には本音を言えずに、イライラしたり、自分の殻にこもったりする時間が増えていった。

それでも妻は、僕に本音をどんどんぶつけてきた。当時の僕にそれを受け止める余裕はなく、逃げ続ける日々が続いた。するとある日、突然、母から電話があった。

「むっちゃん、あなた最近、奥さんにちゃんと感謝している？ あまりしていないいんじゃないの？」

「え、何言ってるの？ してるに決まっているじゃん」

「むっちゃんを見ていると、そんなふうに感じないの。ちゃんと言葉で伝えてる？」

「言葉では……」

「それじゃダメよ。どれだけ彼女がむっちゃんのことを支えてくれているか、わかってる？」

僕は言葉が出なかった。僕は妻と真正面から向き合うことを避け続けていた。その結果、感謝の気持ちをきちんと言葉で伝えていなかった。あんなに僕に対して何度も何度もダメなところを指摘したり、ストレートな言葉で励ましたりしてくれているのに、僕はそれに向き合おうとしてこなかった。

よくよく考えると、僕の人生は、その場を取り繕うことで切り抜けてきた。殻にこもっていたからなのか、その場の振る舞いがうまくいっていたからなのかはわからないが、ストレートに感情をぶつけてくる人は周りにいなかった。

でも、妻だけは違った。表面上ではなく、しっかりと僕のことを理解したうえで、全力で僕に向かってくる。

「俺って、人に対して壁をつくる人生を歩んでいたんだ」

ハッとした瞬間だった。怒りたい、言い返したい、主張したい場面でも、ことごとくリアクションを避けて逃げてきた。もちろん、そうやって殻に閉じこもることで、絶対に言われたくない暴言や暴力から身を守ってきた。

しかし、その習慣は諸刃の剣だった。心を閉ざし、感情を極力なくせば、相手に対して怒ることはなくなる。だけど、自然と他人に対して興味がなくなっていく。他人が何をしようと、自分に害がなければいいと言う考えが染みついてしまう。

自分がつくりあげた強固な殻は、いつしか壁になって僕を取り囲んでいた。僕をまっすぐに見てくれる大切な人たちまで妨げようとしていた。それに気づかされた。

「ありがとう」

この5文字を口に出す機会を増やそう。少しずつだけど、僕の壁は破れようとしていた。


もう一つ、僕の心境の変化をもたらした大きな出来事があった。

それは、アルビレックスで再びチームメイトとなった早川史哉が、急性白血病になったことだった。

先生になりたかった史哉は、アルビレックスのユースからの昇格話を断り、筑波大学へ進学し、教員免許を取って2016年に再びアルビレックスに戻ってきた。

僕はまた一緒にサッカーができることが嬉しくて、キャンプでも2人でサッカーの話をしたり、たわいもない話で盛り上がったりしていた。

ところが、開幕が近づいたあたりから、史哉の様子が少し変だと思うようになった。キャンプでは素晴らしい動きを見せていて、

「史哉は開幕スタメン行けそうだな」

と思っていた。ところが、だんだんパフォーマンスが落ちているように見えた。一緒に筋トレルームにいるときに、

「なんか首の周りが痛くて、腫れぼったいんだよね」

と史哉は体の異変を僕に告げていた。

でも、そのときはまさか、史哉が白血病だなんて夢にも思っていなかった。だから、

「いきなりプロの世界に切り替わったから、まだ体が馴染んできていないんじゃない？　じきに慣れるよ」

と呑気なことを言っていた。

しかし、ある日突然、史哉は練習場に来なくなった。ケガや体調不良という話がチーム内でもささやかれていた。その期間が長くなれば長くなるほど、僕は不安になっていった。

「史哉、大丈夫かな？　心配だな」

電話をしたかったけど、今は電話をしてはいけないのではないかと思った。真面目で誠実な史哉のことだから、絶対に周りに迷惑はかけたくないと思っているはずだ。

誰にも連絡を入れずに離脱をしているということは、よほどの理由があるはずだ。

僕はそう思い、連絡をしなかった。

「武蔵、どうやら史哉は白血病だったらしい」

チーム関係者からそう聞いたとき、ショックで一瞬、頭の中が真っ白になった。

命を落とす危険性もある大病が史哉に襲いかかった事実に、僕は文字どおり言葉を失った。

「大丈夫、必ず治してピッチに戻ってくるから、また一緒にサッカーをしような」

後日、史哉から電話がかかってきた。彼は強かった。いや、強く見せているのかもしれない。

うまく言葉が出ない僕に、史哉は慰めるような言葉をかけてくれた。本来は逆なのに、本当は僕が史哉に言葉をかけないといけないのに。電話を切ったあと、僕は自分の無力さを強く感じた。

「なんで、史哉なんだよ！　なんで史哉のような人間にこんなことが」

本当にショックだった。史哉ほど真面目で、サッカーに対してまっすぐで、人に対しても優しい人間を、僕は知らない。

なぜ、神様は、そんな史哉に対してこんなにひどい試練を与えるのか。やるせない想いが胸を駆け巡った。

日を追うごとに、史哉のことを思いながら、生きるということの意味を考えた。

「僕は毎日大好きなサッカーを、思い切りやらせてもらっている。それは決して当たり前のことではないんだ。何の病気もなく、周りの人に支えてもらって、自由にプレーできていること自体、本当は尊いことだし、だからこそ感謝の気持ちを表さないといけないいんだ」

肌の色が黒いとか、髪の毛が天然パーマだとか、見た目で苦しんできたけど、五体満足で生まれてきて、こうしてずっとサッカーに打ち込めている。なおかつ僕には恵まれた身体能力があって、それをプロの舞台で表現できている。

一方で、史哉のように、サッカーをやりたくてもやれない人間がいる。ならば、やれる自分が、与えられた時間を無駄にしてはいけないし、やるべきことを後悔のないようにやるべきだ。そうサッカーと向き合う姿勢をあらためて考えたんだ。

史哉の移植手術が成功してからも、何度かお見舞いに行った。そのたびに史哉はつらい気持ちや表情をいっさい見せずに話してくれ、その姿を見るたびに逆にパワーをもらっていた。

本当は弱音も言いたいだろう。心の奥底にはいろんな感情があるだろう。でも、病気と正面から向き合い、復帰に向けて全力を尽くしている史哉を見て、僕は今というこの瞬間に感謝をして、１日１日を大切に生きようと思った。

史哉の闘病を通して、生きるということの意味を考え直した。そして、母の一言によって、妻や周りの人に対して感謝の気持ちを伝えることの大切さに気づいた。

この二つの気づきが、僕の気持ちを大きく変化させた。

トンネルの先の光

二つの気づきの影響は、サッカー面にも表れた。

プロサッカー選手としての体づくりを、もう一度きちんとやろうと思った。いつも大事な場面で筋肉系のケガをして、離脱を繰り返している自分が、もう嫌だった。

そこで、今も僕の体のケアを指導してもらっている、トレーナーの小倉義人氏に師事することにした。

「能力は間違いなくもっているから、体の使い方をきちんと覚えれば、筋肉系のケガは間違いなく減る。筋肉をつけて強くするのではなく、筋肉の使い方で、より体を動かしやすくすれば、当たりにも強くなる」

小倉さんはそう言ってくれた。そして、僕の動きを分析してくれた。

これまでの僕は、一歩踏み出すときに、下半身から先に動いて、そのあとに上半身がついていく状態だった。それによって筋肉系の負荷がかかりすぎ、ケガをしやすくなっていたという。

そこで、小倉さんと行ったのが、上半身から動き出すというトレーニングだ。上半身の動きに合わせて足がついてくるイメージで、上半身をどうやってコントロールするかを徹底してトレーニングした。

この間、下半身の筋トレはほとんどやらなかった。なのに、体全体を連動させて、一歩目、二歩目を踏み出すことが可能になったことで、加速力も上がった。体がぶれなくなり、トラップの際に相手に体をぶつけられても、ビクともしなくなった。だから、ファーストタッチがうまくいけば、それだけで相手を引き離すことができる。シュートも軸足にきちんと体重が乗って、強烈なシュートが正確に打てるようになった。

「俺、まだまだ進化できるんだ」

やればやるほど、自分の可能性が広がっていくような気がした。

２０１７年6月、長女が生まれた。

僕は2児の父となり、サッカーをますます頑張る理由が増えた。その年の8月、松本山雅ＦＣに期限付きの移籍をした。

松本では、半シーズンを戦ってノーゴール。でも、この半シーズンは今までのシーズンと手応えが全然違った。

トレーニングのときから調子が良くて、紅白戦でもずっと点を取っていた。でも、なかなかスタメン出場ができなかった。もちろん、とても悔しかったけれど、今までと違っていい意味で割り切ることができた。

「ここでふてくされてもマイナスしかない。使ってもらえる日がくるまで、日々のトレーニングに集中して取り組んで、ゴールを量産してアピールしていくしかない」

と、素直にそう思うことができた。

こうした姿勢が実を結んだのかはわからないが、その年のシーズンオフに、来季J1リーグを初めて戦う、V・ファーレン長崎が、僕のことを完全移籍で欲しいと言ってくれた。

ちょうどこのとき松本へのレンタル期間が終了し、J2降格という結果に終わったアルビレックスへの復帰が決まったところだった。

僕はアルビレックスに戻って、1年でのJ1復帰に貢献したいと思っていたが、V・ファーレンの高木琢也監督と、強化部の竹村栄哉（現・ベガルタ仙台強化部長）さんが、僕のことを高く評価して、獲得オファーを出してくれたのだった。

「君には日本代表になれる素質がある」

竹村さんはそう言ってくれた。とても嬉しかったけど、

「いやいや、僕なんて無理ですよ」

と答えた。正直、僕はプロに入ってからも、日本代表になれるとは思っていなかった。もちろん、目指してはいたけど、それを口にすることがやはり嫌だった。もし僕が、「A代表を狙っています」と言ったら、きっと笑われるだろうし、誰も僕に期待

なんてしていないだろうと思っていた。

それは僕が卑屈だったわけではなく、そう思ったほうが、気を楽にもてたのが理由だ。実際にU－17W杯も、リオ五輪も、無欲で、ただうまくなることだけを考えていたから、出場することができたと思っている。

ただ、竹村さんのダイレクトなメッセージに、僕の心は揺れ動いた。アルビレックスは、僕をプロにさせてくれたチームであり、チームにも新潟の街にも愛着があった。長崎に行ってJ1でプレーするのか、アルビレックスに残って１年でのJ1昇格を目指すのか。僕は迷いに迷った。

「武蔵、お前、迷っているんだったら上に行け。サッカー選手は下に落ちることは簡単だけど、上に行くことは本当に難しいから、チャンスが来たときには、絶対に上に行っておいたほうがいい」

この言葉をかけてくれたのが、松本山雅でチームメイトだった武井択也さんだった。武井さんはガンバ大阪、ベガルタ仙台を渡り歩いてきたベテランだ。この言葉で僕は、迷いから脱却することができた。

２０１８年、僕はV・ファーレン入りを決めた。しかも、V・ファーレンの社長は、あの「ジャパネットたかた」の高田明社長だ。僕が高校時代からモノマネをし続け、クラスやチーム内の居場所を確立するきっかけをつくってくれた高田明さんと、一緒に戦うことになる。僕はオファーをもらった段階で、ちょっとした運命を感じていた。

こうして僕は新潟を離れ、長崎へ向かった。

飛躍の予感

初めてV・ファーレンのクラブハウスに入ったときだった。車から降りて、クラブハウスの入り口に行くと、そこには高田明社長が待っててくれていた。いきなりの社長の登場に驚いていると、高田社長は僕に笑顔を見せた。

「鈴木選手、ようこそ長崎へ！」

「鈴木武蔵と申します！ よろしくお願いします」

「聞いたところによると、鈴木選手は僕のモノマネをよくやるらしいね」

「え、あ、はい。やらせてもらっています！」

「じゃあ、ぜひやってもらえませんか？」

「えっここでですか？」

いきなりご本人の前で、モノマネを披露するという予想外の展開に驚いたが、僕はすぐにポケットにあったペンを取り出して、高校時代から磨き上げてきた高田社長のモノマネを全力でやった。すると、高田社長は笑顔で拍手をして喜びつつ、こう突っ込みを入れてくれた。

「それじゃあ、その商品は売れないね〜」

そのやりとりをとおして、

「なんて器の大きい、素晴らしい人なんだ」

と、一瞬で高田社長に心を奪われた。

「これからよろしくね！　一緒にゼイワン（J1）を戦いましょう」

物腰が柔らかくて、優しいオーラが伝わってくる。

「社長のためにもここで活躍をしたい！」

最初から一気にモチベーションが高まった。

そして、トレーニング初日から、高木監督が熱心に指導をしてくれた。

高木監督はかつて〝アジアの大砲〟と呼ばれるほど、高さとフィジカルを武器にした、日本を代表するストライカーだったと聞いた。空中戦に強いだけでなく、駆け引きも一級品で、シュートセンス、一発の破壊力もすさまじい選手だったと聞く。

僕もフィジカルと走力、キックの破壊力には自信があった。キャンプで走力テストをやったときだった。僕が一番いい数字を叩き出すと、高木監督が目を輝かせながらこう言った。

「武蔵、お前、スピードだけじゃなくて体力もあるのか！　お前、絶対に日本代表に行けるぞ！」

　そのときも僕は、

「いやいやいや、僕なんて無理っすよ」

と答えたが、内心は飛び跳ねたくなるほど嬉しかった。

でも、高木監督の目には、僕はシュートを外すことに怯えている選手に映っていた。

「武蔵、お前、ちょっと綺麗に決めることにこだわりすぎていないか。そんなの気にするな。何本外してもいいから、思い切り打て。ただ、あわてていたら、入るものも入らないから落ち着いてだ。いちいち外すことを気にしていたら、また外すぞ」

　この一言は衝撃だった。今までの監督からは、たいてい「ちゃんと決めろ」「正確に打て」と言われてきた。でも、高木監督は違った。僕の性格や考えていることをすぐに見抜いて、ストライカーとしての自分の背中を押してくれた。

「シュートに集中して冷静に思い切り打とう」

　こう思うようになってから、メンタル的にかなり楽になった。僕は高木監督のアドバイスによって、ストライカーとして解き放たれた気がした。

　迎えた２０１８シーズン開幕戦。僕はベンチスタートだったけど、途中投入をされて、初めて開幕戦に出場することができた。

そして、第2節のサガン鳥栖(とす)戦でスタメン出場を果(は)たすと、そこでいきなり移籍後初ゴールをマークできた。

続く第3節の浦和レッズ戦でもスタメン出場して、2試合連続ゴールを挙(あ)げたことで、「今年は違うぞ!」と、確かな手応(てごた)えをつかむことができた。

そこからコンスタントに出番をつかみ、ゴールを重ねた。

ところが、第14節の名古屋グランパス戦でシーズン5点目を挙げてからは、3カ月間、ゴールから遠ざかった。それでも高木監督は僕をスタメンで使い続けた。

ちょうどこのとき、僕は点が取れずに焦(あせ)っていた。だけど、高木監督は僕に対して、つねに目を配(くば)ってくれていた。僕が練習中に下を向いていると、練習後にすぐに呼びかけられた。

「武蔵、お前は今、点が取れなくて焦っているだろう?　焦っていたら絶対にシュートなんて入らないからな。俺もそうだったけど、外して落ち込んでいるようじゃ、やっぱり決まるシュートも決まらなくなるぞ」

高木監督が言う「俺もそうだった」という言葉が、僕の心に刺(さ)さった。FWの気持ちを本当によくわかってくれていた。

「練習のときからつねにゴールを意識して、とにかくたくさんシュートを打て」

その言葉は自分を肯定してくれる気がして、つねに僕のなかで前を向く勇気となった。

「こんなに監督が期待してくれるんだから、その期待に応えなくては」

そう思った。でも、それがまた焦りにつながることも高木監督はわかっていて、何度も僕は言葉をかけられた。

あるときには、イングランド・プレミアリーグのトッテナムで活躍するソン・フンミンの映像を一緒に観た。そして、実際に高木監督がトッテナムの練習を観に行ったときの話をしてくれた。

「ソン・フンミンなんか、練習から貪欲にゴールを狙っていたし、外しても全然気にしていなかったぞ」

高木監督は、忍耐強く、力強く、僕の背中を押し続けてくれた。そして、それ以降、僕のトレーニングや試合でのシュート本数は明らかに増えていった。

8月25日のJ1第24節の柏レイソル戦。僕は約3カ月半ぶりに、リーグ戦でゴールを決めることができた。さらに第26節の名古屋グランパス戦では、プロ初となるハットトリックを達成し、リーグ通算9ゴールとなった。

実はシーズンが始まる前に、高木監督から、

「武蔵、今年は何点取ってくれるんだ？」

と聞かれていた。そこで僕はこう答えた。

「背番号が11なんで、この背番号分は取りたいですね」

「よし、それをぜひ達成してくれ」

そんな高木監督との約束を果たすまで、あと２点に迫った。そこからしばらくゴールは遠ざかっていたが、シーズン最終戦となる第34節の清水エスパルス戦で、僕は２ゴールを挙げて、シーズンキャリアハイとなるＪ１リーグ11ゴールをマークすることができた。

「俺、ＦＷとして生きていけるんだ！」

この11ゴールは、自分のなかで大きな自信になった。実はＶ・ファーレンに移籍をするときに、僕はこう思っていた。

「もしも今年、ＦＷとして厳しかったら、ディフェンダーに転向しよう」

この移籍が自分のストライカーとしてのラストチャンスだと思っていた。だから、その状況のなかで高木監督と出会えたことは、僕にとって幸運としか言いようがなかった。

「ゴールを貪欲に目指すけど、決してあわてない」

そんなストライカーのメンタルを僕に植えつけてくれた。それは今の自分になくてはならない大切なものになった。

長崎という街も、とても風光明媚な場所で好きになった。ご飯も美味しかった。オフはよく海で遊んだ。チームメイトと、よくモリで魚を突いたりしていた。僕は魚を触ることが苦手だったので、ただ潜っていただけだけど、それだけで楽しかった。仲間が高級魚を突いたときには大いに盛り上がった。

クラブも高田社長を中心に、アットホームな雰囲気だった。サポーターとの距離も近くて、本当に居心地が良かった。だからこそ、長崎で成功したかったし、実際にキャリアハイの数字を残せて嬉しかった。

「長崎に来て良かった」

心からそう思った。だが、チームはＪ１リーグで最下位となり、１年でＪ２に戻ることになってしまった。

オフに入ると、ほかの複数のクラブからオファーが届いた。でも最初は、移籍をする気持ちはなかった。そのなかで、北海道コンサドーレ札幌から、正式オファーが届いたときだけは、心が大きく揺らいだ。

獲得を熱望してくれていたのが、ほかでもない、ミハイロ・ペトロヴィッチ監督だったからだ。〝ミシャ〟の愛称で呼ばれるペトロヴィッチ監督は、ゴールを重ねた僕を評価してくれただけでなく、「私のもとでなら、もっと伸びる」と、成長へのアシストも自信を見せていた。

ミシャさんのサッカーは、ミシャさんが浦和レッズを率いているときから、よく見ていたし、実際に対戦をしたときに、統率が取れていると感じた。そして何より、選手たちがのびのびと自分の力を発揮しているように見えた。実際に選手たちの声を聞いても、ミシャさんの評判は非常に高く、

「ミシャさんの下でプレーできたら、もっとうまくなるだろうな」

と、以前から思っていた。

だから、ミシャさんからの評価と期待に、僕は心を動かされた。

でも、長崎には恩がある。Ｊ２に落としてしまった選手の一員としての責任もある。そして、地元に愛されるクラブとして、これから大きくなろうという気概を感じていた。サッカー関係ではない人の講演会をやったり、新スタジアムの構想だったり、ほかのチームと一味違う、クラブの成長を欲しているところに魅力を感じていた。

何より高田社長の人柄が素晴らしかった。チームによく顔を出して言葉をかけてくれたり、アウェイの試合にも帯同したりして、相手チームのサポーターの人たちにも、

「みなさん、今度、長崎に来た際にはおもてなしをしますので、アウェイの長崎戦を楽しみにしていてください」

という挨拶をする。普通の社長ではそんなことはできないだろう。カリスマ性というか、人として信頼されているのだ。相手チームのサポーターにも、高田社長のそう

いったアクションで、「長崎に行きたい」と思ってくれる人もいただろう。本当に「この人のために頑張りたい」と思える人だった。

長崎に残るか、札幌に行くか、本当に迷った。高木監督はこのシーズンで退任となったが、来シーズンの監督はリオ五輪でお世話になった手倉森誠監督が就任することが決まっていた。ありがたいことに、手倉森監督からは「武蔵、残ってくれ」という熱烈なラブコールをもらっていた。

手倉森監督も、僕を成長させてくれた恩師の1人だ。

「テグさんの下でプレーをすれば、僕のこともわかってくれているし、コンスタントに試合に出られるかもしれない」

そう考えた。しかし、1年前に松本山雅の武井さんにもらったあの言葉を思い出した。

「迷っているんだったら上に行け。サッカー選手は下に落ちることは簡単だけど、上に行くことは本当に難しいから、チャンスが来たときには、絶対に上に行っておいたほうがいい」

最終的には、より厳しい道を選ぼうと思った。

コンサドーレにはジェイなどの優秀なFWがたくさんいて、もしかしたら半年は試合に出られないかもしれない。しかし、ミシャさんの指導を仰ぐことが大きなチャンスだと思えた。ミシャさんの下なら、より多くの学びを得られるという確信があった。

年齢的に考えても、選手として折り返し地点だったこともあり、僕はコンサドーレに移籍することを決意した。

「テグさん、すみません。僕自身の選手としての成長を考えたら、25歳という年齢で、J１で戦えるチャンスがあるなら、そこでチャレンジをしたいと思います」

手倉森監督には、電話をしてそう思いを伝えた。

そして、高田社長にもこの決断を伝えた。

「社長、僕はコンサドーレに移籍することを決断しました。本当に僕にとってこの長崎への移籍は大きな財産でした。社長にも育ててもらって、心から感謝しています」

すると、高田社長はいつもの明るい声でこう答えてくれた。

「１年間だけだったけど、本当にありがとうね」

涙がこみ上げてきた。そこから少し会話をしたあと、最後は高田社長らしい労いとエールを僕に送ってくれた。

「本当にありがとう。ジャパネットたかたのモノマネ、北海道に行ってからもやっていいからね」

手倉森監督からも最後にはエールをもらった。

「武蔵、頑張ってこいよ！　応援しているぞ」

本当に僕は恵まれている。心から感謝の気持ちを抱いて、北海道に飛び立った。

北の大地

コンサドーレに移籍し、最初のタイキャンプだった。

すでに、ミシャさんのサッカー、戦術を、毎日覚えていく作業が、本当に楽しかった。監督と通訳兼コーチを長年務めている杉浦大輔さんと3人で話し合うことも多かった。

大輔さんは練習が終わると僕のところに来て、今日のトレーニングのおさらいや、ミシャさんの僕に対する思いなどを、本当に細かく教えてくれた。そして、大輔さんからも、ヒントになるようなたくさんのアドバイスをもらうことができた。

これだけで、僕への期待がひしひしと伝わってきた。移籍する前は、たとえ出番がなくてもいいと思っていたが、ミシャさんのサッカーを知れば知るほど、一緒に試合で戦いたいと思うようになっていった。ミシャさんは高木さんと同じように、僕に

「どんどんシュートを打て」と言ってくれた。

開幕戦が近づいたある日の練習。紅白戦の控え組にまわったときに、

「俺は、開幕スタメンは無理なのか」

と思い、そこから落ち込んでしまった。すると、数日後の練習のあとに、ミシャさんと大輔さんが僕のところに歩み寄ってきた。

「武蔵、最近、なんか元気がないぞ。もっと明るくやってくれ。大丈夫だ、お前のキャリアは俺が保証する。お前は毎日、笑顔で練習をやっていたら絶対に良くなるから。俺は、お前が日本を代表するストライカーになれると思っている。もっと自信をもて！」

この言葉に、全身が震えた。もちろん、落ち込んではいたが、みんなの前ではおちゃらけたり、高田社長のモノマネをしたりして、いつものように明るく振る舞っているつもりだった。

でも、ミシャさんは、僕の内面の変化を見逃さなかった。今思うと、田野さん、吉武さん、高木さんも、僕の内面の変化に敏感で、必要な言葉がけや対応をしてくれていた。

「もっとやらなきゃダメだ。チームのために、こうして気づいて、励ましてくれる人たちのために、僕はもっと頑張らないといけない」

この日から、僕はより気持ちを前に出してトレーニングに励むことができた。そして、どんどん自分がチームにフィットしていくのがわかった。ジェイも、ピッチ上ではライバルだけど、ピッチを離れたらめちゃくちゃいいやつで、一緒にふざけ合ったり、ときには意見交換をしたりと、最高のライバルであり、最高のパートナーだった。

ミシャさんやジェイだけではなかった。コンサドーレのチームメイトは、僕の動きをきちんと見てくれた。とくに福森晃斗は、つねに僕がどこにいるのか、何をしようとしているのかを見てくれた。そして、「このタイミングでは、こうしたほうがいい」とアドバイスをくれる。

福森だけではない。チャナ（チャナティップ）も、U-17W杯でチームメイトだった深井一希も、全員が自分のことを見てくれた。

自分が欲しい場所で、欲しいタイミングで、ボールがくるようになり、シュートを打つことが、どんどん楽しくなっていった。

「この場合は武蔵がここにいる。そのときは早いタイミングで武蔵に出せ」

ミーティングでは、僕の動きに合わせてどう攻撃を組み立てていくかも、ミシャ監督は細かく指示を出す。

「この人の下で努力を重ねれば、もっともっとサッカーがうまくなる」

移籍前の確信以上の確信だった。

迎えた2019シーズン開幕戦。僕はベンチスタートだったが、途中出場をして、コンサドーレでもやれる手応えを得ることができた。

そして第2節の浦和レッズ戦、僕はアンデルソン・ロペスと2トップを組んでスタメン出場を果たし、開始早々の2分に、移籍後初ゴールをマークできた。そして、27分にも追加点を挙げ、2―0の勝利に貢献できた。

この試合から、僕はレギュラーの座をガッチリとつかみ取った。

ミシャさんのサッカーを、みんなと全力でプレーをする。それが本当に楽しくてしかたがなかった。全員が僕の動きを見てくれるし、僕もそれに応えようと貪欲にプレーした。難しい局面でもシュートを打ち続け、何度も動き直してチャンスを狙い続けた。このシーズンは1試合におけるシュート本数がまたさらに増えた。ゴールの数も前年を上回るペースで挙げることができた。

プライベートでは、家族が北海道という場所を気に入ってくれた。僕も多くの人たちとコミュニケーションを取るようになって、サッカーだけではなく、いろんなことで「北海道をもっと盛り上げたい」と心から願うようになった。

サポーターがつくり出してくれる雰囲気も最高だった。ホームでは赤と黒のサポーターが、相手チームのサポーターの声を圧倒するような声量で、力強くサポートしてくれる。アウェイでも、遠い場所にもかかわらず、多くのサポーターが来てくれて、アウェイとは思えないような迫力あるサポートをしてくれる。

クラブのフロントも、野々村芳和社長をはじめ、フランクで選手との距離が近くて、選手たちの声にきちんと耳を傾けてくれる。長崎と一緒で、これからさらにクラブを発展させていこうという気概を感じた。

クラブとサポーター、地域の関係性を含めて、一体感のあるクラブだった。僕はまるで昔からいたかのような愛着と居心地の良さを感じていた。

このシーズンで、自他ともに認める、ブレイクのときを迎えた。

リーグ33試合出場でキャリアハイの13ゴールをマーク。本当は15ゴールを目標としていたけど、それは達成できなかった。でも、念願の日本代表に選ばれることができたし、ケガも筋膜炎で1週間離脱しただけで、それ以外はチーム、代表ともにフル稼働できた。

新たな視点

結果を出せた2シーズンを経て、僕のなかである想いが芽生えてきていた。

それは「サッカー選手として、何か地域に貢献する活動ができないか」ということだ。ただサッカーだけをやっているのではなく、サッカー以外のことでも、何か僕が動くことで、喜んでくれたり、活力になれたりできないか。そう考えるようなった。そのときに、真っ先に浮かんだのが、僕と同じ「ひとり親家庭」の支援だった。

僕の家庭には、父親がいなかった。もちろん、今でもジャマイカで元気に暮らしているが、親子という絆は、日本にやってきたことで、事実上消滅している。

母は僕と弟を養うために、ツアーコンダクターや英会話教室など複数の仕事を掛け持ちし、ずっと働いてくれていた。さらに、中学時代は、僕や弟のサッカーの送り迎えもし、お弁当などを欠かさずつくってくれて、子どものために全力を尽くしてくれた。

ましてや、僕のような黒人ハーフである子どもをもつことで、しなくても良かった苦労もあったと思う。母はつねに、

「むっちゃんのことで何も言われないし、むしろ私の大切な宝。自慢の子どもだよ」

と、いつもポジティブな言葉をかけて、前向きな雰囲気をつくってくれた。今思うと、本当に大きな愛情だと感じる。

だからこそ、いろんな事情で子どもを育てている、ひとり親家庭をサポートする活動をしたかった。

今はサッカーに集中して、引退後にこのような活動をするのが一般的だとは思った。しかし、現役サッカー選手として影響力が高いときにアクションを起こせば、それだけ多くの人が賛同してくれたり、メディアにも協力してもらったりして、支援の輪が広がるんじゃないかと考えた。

そして、それが早ければ早いほど、引退したあとも積み上げてきたものをベースに、賛同する仲間も増えた状態で、支援を届けたい家庭に、よりきめ細やかなアクションが起こせるのではないかと考えた。

僕は、すぐにアクションを起こした。マネージャーと相談をして、生活必需品の支援に加え、2019年12月にオフシーズンを利用して、ひとり親家庭の子どもたちだけでなく、児童養護施設の子どもたちも対象に、「MUSASHI CUP」と銘打ったサッカー教室を開催することを決めた。

それに先立って、札幌市の児童養護施設を訪問し、子どもたちと一緒にボールを蹴ったり話をしたりした。初めての児童養護施設訪問で感じたのは、

「この活動は本当に意義がある」

ということだった。事前にスタッフの人から、

「ここにいる子どもたちには、どこか自分に自信をもてない子もいます」

という話を聞きながら、自分の幼少期を思い出した。

ほかの子どもたちが自分の家から普通に学校に通っているのに、親がいない子や、いるけど事情があって会えない子は、施設から学校に通っている。

僕自身は、父親はいなかったけど、自分のなかで割り切れていた。黒人ハーフである苦しみはあったけど、経済的には不自由していなかったし、自分の家から、母と祖父母に見送られて学校に通えていた。

そう考えると、僕よりも苦しい経験をしている子どもたちが目の前にいる。

その子どもたちが、

「コンサドーレの選手と一緒にサッカーをした」

「日本代表の選手と楽しく話ができた」

と、少しでも心が躍るような時間をつくれたり、何か自信をもつきっかけになったりしてくれたらいい。そう思って僕は、子どもたちと一緒にはしゃぎながらボールを蹴ったり、かけっこをしたりした。

そして、その過程ですら、心境の変化が生まれていった。

子どもたちは楽しそうにボールを追いかけたり、僕に話しかけたりしてくれる。その表情の奥底には、暗い影があるかもしれないが、子どもたちは屈託のない笑顔を見せて、純粋な質問をぶつけてくる。

すると、心のどこかで「かわいそうな子どもたち」と思っていた自分がしだいに恥ずかしくなった。

子どもたちは、自分の気持ちをわかってもらおうとしているのではない。ただ、その瞬間を楽しみたい、つらいことを一瞬でも忘れるような楽しい時間を過ごしたいと思っている。

僕もそうだった。心の闇は誰にも見せたくなかったし、悟られたくなかった。親にだって見られたくなかったからこそ、自分を包む心の殻を、幾重にもしていった。

そのなかで、僕にとってサッカーをしているときが一番楽しかった。自然と自分の心の闇から離れられる時間だった。サッカーでぶつかる悩みや想いは、自分の生い立ちとは別のところにあることが多かった。だから、ここまで投げ出さずに全力でサッカーに打ち込むことができた。

ならば、このとき、この瞬間を、僕も全力で楽しむ。それが子どもたちの楽しみにつながる。忘れる時間を生み出すことができる。ここで僕が余計な同情や先入観をもつことは、子どもたちにとって失礼だし、いいことはない。

子どもたちに楽しみをプラスして、サッカーを好きになるきっかけも与えることができる。人のためにやっているけど、実は自分のためになっている。

初めての児童養護施設訪問は、自分がサッカーをしている意義を再確認することができ、大きな気づきを得ることができた時間だった。

自分が成長するためにアクションを起こしたことで、結果として人のためになっている。この気持ちが僕の支援活動のベースとなった。

「ＭＵＳＡＳＨＩ　ＣＵＰ」の開催にあたってスポンサー獲得にも動いた。

僕は人前で発言することが苦手だったけど、発起人である自分がこれを開催する意図、想い、そしてスポンサーへの熱意をきちんとプレゼンできないといけない。

マネージャーと一緒に、プレゼン資料や話すことを入念に準備して、スポンサーまわりをした。

そこで感じたのは、人前で話すことの重要性だった。このときは必死で準備をしてプレゼンしたけど、ナチュラルに自分の意見が言えるようになったのは、もう少し先のことだった。

12月28日、多くの方々の協力のもと、札幌市内で第1回の「ＭＵＳＡＳＨＩ　ＣＵＰ」を開催することができた。

そのあと、僕の活動にコンサドーレのチームメイトである菅野孝憲さんと同年代の荒野拓馬が賛同してくれて、僕が代表理事として特定非営利活動（ＮＰＯ）法人「Ｈｏｋｋａｉｄｏ　Ｄｒｅａｍ」を立ち上げた。

さらなる課題

サッカーと新たな活動。2019年は、僕のこれまでのサッカー人生のなかで、一番充実したシーズンとなった。

北海道での日々は、はっきり言って、文句が一つもなかった。まるでずっと住んでいたかのような深い愛着と居心地の良さがあった。

そんななかで、新たな感情が生まれた。

それは、日本代表に選ばれてからだった。これまでもU－17W杯、リオ五輪と、日本代表として出場してきた。でも、A代表のユニフォームに袖を通したとき、その違いに驚いた。

胸の高鳴りのあとに押し寄せてきたのは、とてつもなく大きな責任と重圧だった。正真正銘の日本人として、A代表の日本代表のユニフォームに袖を通す。代表のエンブレムをつけて、「君が代」を歌い、ピッチに立つ。自分でも驚くほど、全身に震えが走った。

そして、シュートを外したり、ゴールを決められなかったりすれば、そのあとのバッシングも、世論の厳しさも、比べものにならない反応があった。

とくにゴールに一番近いＦＷには、批判も集中する。

「なんでこんなやつを使っているんだ」

「あの肌の色で〝鈴木武蔵〟って」

「もうジャマイカに帰って代表になったら」

聞くに耐えない言葉をたくさん浴びた。正直、プロになってからは、あからさまな言葉を受けることはあまりなかった。もちろん、ネット上ではあったかもしれないが、僕の耳には入ってこなかった。地域の人とも、

「どうも、鈴木武蔵です！　日本人です!!」

とギャグにしたり、初対面の人には、つかみとしてハーフであることを自分からネタにしたりしていたこともあったが、ここまで言われることはなかった。

やはり日本代表は重みが違う。高校時代、Ｕ－17Ｗ杯でノーゴールだったときも、ここまでひどいことは言われなかった。選手権では逆に称賛しか浴びなかった。

プロになってからも、シュートを外しても、ノーゴールの期間が続いても、ここまで存在を否定されたり、黒人ハーフであることをヘイトされたりすることは少なかった。Ｕ－23日本代表のときも、そこまでストレートなことは言われなかった。

「これが日本代表というものか」

そう思う一方で、

「俺はまだ日本人として認められていないのかな」

と、中学時代まで抱いていた強烈な劣等感とトラウマが再燃した。ひどく落ち込むこともあった。まるで僕が小学校3年生のときに逆戻りをしたような感覚だった。

「武蔵、気にするな。言いたいやつには言わせておけばいいよ」

代表で一緒になった南野拓実が、僕にこう声をかけてくれた。

拓実は、今やイングランドプレミアリーグで活躍し、世界のトッププレーヤーの一人になった。

日本代表でも10番を背負い、まさにナンバーワンプレーヤーと言える選手だけど、どんなにキャリアを積んでも、初めて声をかけてきたときと変わらず、偉ぶらず、地に足をつけて、明るく気さくな拓実のままだ。

そんな拓実でも、厳しい批判にさらされて、ときには暴言を受けている。

拓実だけではない。U-17W杯で一緒だった室屋成も、植田直通も、中島翔哉も、ずっと変わらないキャラクターで、かつ謙虚だ。FIFAワールドカップ、ロシア大会で大活躍をした原口元気くんも、大迫勇也くんも、川島永嗣さんや吉田麻也さん、長友佑都さんら経験豊富な選手たちも、フランクでとても優しいし、ピッチ上では誰よりも厳しく、勝利のために全力を尽くしている。

けれど、みんな自分以上に厳しいバッシングを浴びているだろうし、何度も何度も、つらい思いを味わってきただろう。

でも、その悔しさをバネにし、誹謗中傷を気にせず、努力を重ねて結果を出してきたからこそ、今ここに誰よりも頼れる存在として立っているのだと思った。

では、自分にはそれがあるのだろうか。いちいち周りの声を気にしてサッカーをやっていたら、いつまでたってもこの立ち位置から抜け出せないのではないか。

自分と真正面から向き合う機会が、どんどん増えていった。そして、負けず嫌いの性格に、どんどん火が点っていくのがわかった。

「なんで俺はここまで言われなくてはいけないのか」

そのような思いとともに、反骨心が心の底から湧いてきた。

「ここで俺が折れたり、逃げたりしたら、それこそ誹謗中傷をしている人間が正しいということになってしまう。こんなかたちで『負けました』なんて降参したくない。絶対に負けたくない、絶対に結果を残してやる」

それでも、その気持ちをプレーで表現するのには時間がかかった。日本代表ではコンサドーレと役割が違い、ポストプレーをして、仲間が上がる時間を使ったり、周りを生かしたりするプレーも求められる。

もちろん、自分がやるべき仕事であり、トレーニングから意識して取り組んでいる。しかし、そればかりに意識がいくと、自分の良さである裏への抜け出しや、スピードに乗った突破が影を潜めてしまう。

周囲からは、ポストプレーを得意とする日本のエースストライカー、大迫選手とどうしても比べられ、そのプレーをそのまま求められる。それは理解しながらも、やはり僕と大迫選手は違うのだから、いかに自分の個性を理解してもらって、代表に生かせるかを必死で考えた。

今でもはっきりと覚えているのが、初めてA代表に選出されたときのことだ。

２０１９年3月22日のキリンチャレンジカップのコロンビア戦でA代表デビューをスタメン出場で飾った僕は、その4日後に、ノエビアスタジアム神戸で行われた同大会のボリビア戦前のウォーミングアップで、ゴールに向かってシュート練習をしていた。

「あれ？　僕がシュートを外したときと、ほかの選手が外したときの反応が違うな」

ほかの選手がシュートを外しても何も反応がないのに、僕がシュートを外すとスタンドからブーイング混じりの声が聞こえた。それが本当に悔しかった。

僕のなかではJリーグでゴールを重ね、実力で勝ち取った日本代表だと思っていた。日本の代表として、全力を尽くして勝利に貢献したいと思っている。だが、それでも認めてくれない人たちがいる。ショックを受けつつ、「絶対に見返してやる」という気持ちが湧いた。

しかし、日本代表でのゴールは遠かった。コンスタントに選出されるようになっても、代表ではゴールをこじ開けることができない。

プレッシャーや焦りもあったかもしれない。Jリーグではあれほど力まずにシュートが打てるのに、A代表になると、シュートの瞬間に、

「絶対に決めなくては」

という強い思いが頭をかすめる。すると、余計な力が入り、ボールを正確に捉えられず、シュートは枠の外に飛んで行くことが多かった。

「あああ、やってしまった」

外すたびに僕はこう思った。

「武蔵、切り替えろ！」

周りは言ってくれたけど、正直、僕は少し引きずってしまった。思うようなプレーができず、交代を告げられることもあった。

「これじゃあ、また、いろいろ言われるんだろうな」

悔しかった。

「なぜ、自分はA代表でこうなってしまうのか」

来る日も来る日も、自問自答を繰り返した。そのなかで、ある結論に至った。

「国内にいると、ピッチ内でも外でも、同じ言語で話ができて、自分で主張しなくて

も、要求しなくても、ものごとが進んでいく。結果、自分自身に対しても甘くなる。そういった居心地のいい環境に身を置いていたら、いつまでたっても代表という大きなプレッシャーがかかる舞台では、活躍できないんじゃないか」

代表に、国内チームで活躍する選手がなぜ少ないのかを自分なりに考えたときに、

「俺がこう思うからこう動け！」

というような自分からの要求が、海外組の選手に比べて、圧倒的に少ないということに気づいた。海外でやっている選手は、ゲームの相手選手だけでなく、「つねに自分とチームメイトとの戦い」がある。言葉の問題もあるなかで、いかに自分の主張を伝えて、味方に理解をさせられるか。それがあるからこそ、海外組の選手は強いのではないかと感じた。

「もう一皮むけるためには、俺も海外に行かないといけないんじゃないか。コンサドーレで、居心地が良くなってしまっているのはマイナスなんじゃないか」

そう思うようになった。それに日本でいくら活躍しても、いきなりヨーロッパのビッグクラブに行くことは難しい。でも、翔哉もポルトガルに行ってゴールを決めたからこそ、市場価値が一気に上がって、何十億の選手になった。拓実もオーストリアで活躍して、チャンピオンズリーグの数試合で一気に市場価値が上がった。

「やっぱり俺も、海外に行くべきなんじゃないか」

そう思う一方で、すでに年齢は25歳だった。翔哉も拓実も、長友さんや麻也さんも、もっと若い年齢で海外に行っている。

「俺の歳じゃ、もう遅すぎるかもな」

僕は再び葛藤するようになっていた。

第6章

再び異国の地へ

主張する責任

2019年11月、僕を差別する発言がSNS（ソーシャル・ネットワーキング・サービス）に上げられた。

ちょうどこのとき、僕は自宅でくつろいでいた。何気なくスマートフォンでSNSを開いたら、「鈴木選手、こんなことが投稿されています」と、サポーターの方があるツイートを送ってくれた。

「なんだろう？」

と思って、そのツイートを見てみると、

〈あの見た目で日本代表なんて〉

という言葉が目に飛び込んできた。

「うっ！」

僕はとっさに目をつぶって、思わずスマートフォンを手放した。ショックと悲しみ、怒り。いくつもの感情が僕のなかにうごめいた。冷静ではいられなかった。心臓がバクバクしている音が聞こえる。

僕はしばらく天井を見上げ、自分に問いかけた。

「そうだよ、これまでもそう言われることはあったじゃないか。やっぱり俺のことを日本代表として、日本人として受け入れられない人が一定数いるのは当たり前だ。日本代表で活躍できなかったら、俺の場合、見た目を言われるのはありえることだ」

必死で受け入れようとした。しかし、

「俺は見た目こそ違うかもしれないけど、日本人の心をもってやってきた。いったい、どうやったら受け入れてもらえるんだよ！」

怒りと絶望の感情があふれ出てきた。しばらく呆然としたあと、ソファーに投げ出した携帯電話を再び手にした。

そして、そのツイートをもう一度見直した。不思議と最初のような感情にはならず、冷静にその文面を読めた。

「これは俺の口から何か言わないといけないな」

そんな使命感が生まれた。これまでの自分ならば無視していただろう。しかし、日本人として、日本代表としてプレーしている以上、やり過ごすことはできないと思った。

では、どう返せばいいのだろうか。冷静に考えてみた。

ここで僕が感情的になり、「こんなヒドい差別を受けました！」「こんな暴言を吐かれました！」と、ムキになって反論しても、感情のぶつけ合いになるだけだ。

結局は、この発言者と同じ土俵に立つことになり、そこからは何も生まれない。

僕は黒人のハーフであることに誇りをもっているし、日本人であることに誇りをもっている。それに今、日本中には僕のように肌の色が違う子どもたちがたくさんいる。もしも僕がここで黙り込んだり、幼稚な反論をしてしまったりしたら、僕だけではなく、そういった子どもたちにも迷惑をかけるかもしれない。それは絶対に嫌だった。

だから、自分の言葉で本心をきっちりと述べるべきだと考えた。

誰に相談することもなく、その場でじっと自分自身と向き合い、必死で考えを整理した。しばらくして、自分のSNSのページを開き、自分の想いを文章に打ち込んだ。

〈僕に報告をしてくれたかた、ありがとうございます。でも大丈夫ですよ。サッカーで見返すしかないですからね。そうやって小さい頃からやってきたので。お父さんの血がなかったら日本代表になれてなかったと思いますし、ハーフであること、日本という素晴らしい国で育った事に感謝しています〉（原文のまま）

僕はこうSNSに載せた。これは建前ではなく、本心だった。

発言した人も1人の人間だ。特定の人を攻撃したくないし、あくまでこれは僕への言葉なのだから自分がきちんと受け止めて、自分の想いのみを綴った。

この投稿のあとに、僕のＳＮＳには大量のダイレクトメッセージが届いた。開いてみると、応援をしてくれる声以上に、あえてここでは書かないが、読むに耐えない、誹謗中傷のメッセージが山ほど届いていた。

それでも、僕は発言して良かったと思っている。

僕は自分にマイナスなことを投げかけてくる人に対しても、感謝できるような人間でありたい。もしも、周りからプラスのことしか言われない人生だったならば、僕の長所であり、最大の原動力である「負けず嫌い」の心は育たなかっただろう。

甘やかされて、向上心を失っていたら、確実に今の僕はいない。今の僕がいるのは、ネガティブなことを言われても、心の中で「絶対に負けてたまるか」「絶対に見返してやる」という気持ちが湧いてきたからだ。

さらに前に進もう、もっと上のレベルに行こうといった、内側から燃え上がる炎で、僕は走り続けることができた。それはこれからも原動力になるだろう。

一見、自分にとってマイナスだと感じることでも、いつしかその経験がプラスになるかもしれないと思ったら、その人たちにも感謝しないといけない。

今起こっていることが、すべてマイナスじゃない。むしろ、プラスに変えてやるんだという意志が、自分を変えていく。僕はそう信じている。

だが、その一方で、気をつけなくてはいけないこともある。

僕もようやくネガティブなことを受け入れられるメンタリティーになったけど、それができずに、心の底から傷ついて、ときには一生消えないような傷を負ってしまう人もいる。

言葉はときには助けにもなるし、人を傷つける刃にもなる。その自覚をもっている人もいれば、もっていない人もいる。いろんな人が混在する社会のなかで、今まさに苦しんでいる人もたくさんいる。

まして子どもなら、より深い傷を受けてしまいかねない。それを経験してきた人間だからこそ、僕が発信をすることに説得力があると思う。

僕にとってサッカー日本代表は、文字どおり日本人の代表として戦う誇り高き場所だ。そこに選ばれるようになって、日本人としての誇りはものすごく大きなものになった。

そして、日本代表に選ばれるようになると、僕のところに、ハーフの子どもたちからのメッセージがより多く届くようになった。

「友達の子どもがアフリカ系のハーフで、その子が『鈴木武蔵選手みたいになりたい』と言っていたよ」

「僕はナイジェリアとのハーフです！　ずっと目標にしています」

僕自身も、テニスの大坂なおみ選手やバスケットボールの八村塁選手、陸上のサニブラウン・アブデル・ハキーム選手やケンブリッジ飛鳥選手などが、日本を代表するアスリートとして活躍するのを見るたびに、「俺も頑張ろう」と大きな刺激を受けている。とくにケンブリッジ選手は、同じジャマイカ人の父をもち、母親同士がジャマイカで知り合いだった縁もあり、一番身近に感じる存在だ。

日本代表に入るまでの僕は、「自分がどうやったら日本人になれるか」ということばかりを考えながらやってきた。でも、実際に日本代表に入るようになると、「自分の活躍を励みにしてくれる人がいるんだ」と実感するようになった。

だから、誹謗中傷に対しても、僕は凜とした態度でいたいし、屈したくもない。この出来事をきっかけに、より自分の言動に責任をもつことを決めたんだ。

12月、僕はＪリーグ組と東京五輪世代を中心に構成をされた日本代表として挑んだＥＡＦＦ Ｅ-１ サッカー選手権２０１９の中国戦で代表初ゴールを決め、この１年を締めくくった。

20年の歳月

２０２０年。この１年は僕にとって激動の年となった。

このシーズン、いったんは海外志向を封印し、コンサドーレでのプレーに集中していた。キャンプから調子が良くて、開幕を今か今かと心待ちにしていた。

2月16日のルヴァンカップ開幕戦のサガン鳥栖戦で今季初ゴールを挙げ、6日後のJ1開幕戦の柏レイソル戦でも負けはしたものの、2試合連続となるゴールを挙げることができた。

「さあ、今年こそは15点以上取ってやる！」

気持ちはどんどん高まっていったが、世界中に襲いかかった新型コロナウイルスの影響で、感染拡大を防ぐためにリーグは中断となった。そして、トレーニングすらできない時間が訪れた。

中断期間中、コンディションを落とさないためにも、僕は小倉トレーナーと徹底してトレーニングを行った。フィジカル的な部分はこれでカバーできた。でも、やはり心のモヤモヤは晴れなかった。そして、海外移籍を考える機会が増えていった。

「俺はコンサドーレというクラブに甘えている」

前述したように、北海道という土地、コンサドーレというクラブは、とても居心地が良かった。しかし、日本代表に行けば行くほど、自分のプレーに対して、

「ミシャさんの戦術と、チームメイトのサポートがあって、初めて成り立っている」

と感じるようになった。

真のストライカーというのは、どのチームでも、どの国でも、どんな状況でも、得点する。自分で積極的に呼び込んだり、ときには強引に仕掛けていったりして、ゴールをこじ開け、自分の評価をつかみとっている。

まさに、代表でいえば、岡崎慎司選手や大迫選手がそうだ。

では、自分はどうなのか。コンサドーレでは点を取れるけど、日本代表ではまったく点を取ることができていない。それでは当然、大迫選手にはかなわないと言われてもしかたがないことだった。

このときに、ずっと僕の頭に残っていたのは、原口元気くん（現・ハノーファー）と堂安律（現・アルミニア・ビーレフェルト）の言葉だった。

「海外に来て半年くらいはめちゃくちゃ孤独だし、試合に出られないときもあるし、なかなか周りから認めてもらえない。マジで日本に帰りたいと思っていた。でも、ここですぐに日本に帰ったら、海外移籍した意味はないし、ダサい。だから、ただ、負けたくないという気持ちだけで乗り切ったんだ」

慣れ親しんだ日本を離れ、いっさいの甘えが許されない環境に身を置く。そして、この孤独と不安に打ち勝ってきたからこそ、海外組と呼ばれる選手たちは、自己主張もできるし、大舞台でも実力を発揮して、日本代表でも生き残っていけているのだと思った。

日本で立ちはだかる壁と、海外で立ちはだかる壁の高さが違うのだろう。

おそらく、このままコンサドーレでミシャ監督の下でやっていたら、これから先もある程度の得点は挙げることができるかもしれない。

しかし、僕がもっともっと成長するためには、より厳しい道を進んで、自分にプレッシャーや負荷をかけないと、選手としてはもう一つ上のレベルに行けない、そう思うようになった。

それに僕はもう26歳になっていた。10代の頃から海外に挑戦する選手がいるなかで、26歳という年齢は若くない。

代理人にも「海外からのオファーはありますか?」と聞いていたが、具体的なオファーは、そのときまではきていなかった。

「やっぱり、海外を目指すには年齢的に遅いのか」

そう考えてしまい、何が何でも海外に行きたいという気持ちにはなれなかった。それでも周りの人たちからは、

「武蔵は、ほかの選手と比べても成長スピードが遅いからピークは先だと思う。だから、まだチャンスは十分あるよ」

と言ってもらえてはいた。

海外挑戦の思いを完全にあきらめ、ある程度のレベルを維持して、チャレンジをし

ない人生を歩んでいくのか。

それとも、一つ上のチャレンジをして、さらにもう一つ上に行ける可能性を抱きながら人生を歩んでいくのか。

いつリーグが再開するかもわからない状況のなか、僕はどちらの道に進むのか、悩み続けた。

自粛期間だった5月、僕に大きな転機となる出来事が起こった。それはサッカーではなく、家庭内のことで、妻と些細なことで喧嘩をしたときだった。

このときの妻は、僕に指摘をしただけではなかった。

「黙ってないで、むっちゃんの思いを聞かせてよ！」

そう涙を浮かべながら、引き下がらなかった。でも、僕はいつものように沈黙した。

「本当は俺だって反論したいときもあるし、言いたいときもあるんだよ！　悔しい気持ちもあるけど、でも、言葉が出てこないんだよ！　口論なんてしたことないんだよ！」

心の中では、いつもそう叫んでいた。情けないかもしれないけど、言い返せない自分が悔しくて、妻の前で泣いたこともあった。

自分の気持ちを妻にすら伝えられない。伝えようと思っても口に出せない。

言われている妻の言葉よりも、「自分が怒っている」という事実から、必死で逃げようとしていた。僕は人格形成のなかで、自分の感情があふれそうになると、自然に逃げ出すようになってしまっていた。

でも、このときは自分のなかで何かが違った。

最初はいつものように、妻の主張を黙ってずっと聞いていた。でも、しだいに言いたいことが喉元まで出てきた。

気がついたら、僕は泣きながら、自分の主張をしていた。妻に言われたことに対する僕の考え、提案を、自分でも驚くくらいスラスラと言葉にできた。

「私が風邪をひいたとき、あなたは何もしてくれないじゃん」

「いやいや、俺はいろいろ必要なものを買いそろえたし、ご飯もつくってるよ！」

「あまり『大丈夫』とか言ってくれないじゃん」

「それは俺が風邪をひいたときも同じじゃん。不満そうな顔をしてくるじゃん。俺は、それでもトレーニング行かなきゃいけないし」

「私だって毎日、子育てと家事があるし！　腰だって痛いし」

「だから、心配して、トレーナーさんも紹介するって言ってんじゃん、前から」

今書き出しても、子どもの喧嘩のような内容だ。

だけど、僕は初めて妻の主張に対して、自分の言葉で言い返すことができた。

すると、妻の表情が、みるみる明るくなっていくのがわかった。

「良かった……むっちゃんがついに言い返してくれた」

さっきまで怒っていた妻が、泣き出していた。その姿を見て、僕の目からもさらに涙があふれてきた。

妻は、僕が自分の本心を口に出せないことに気づいていた。

ずっと僕の心を包んでいる分厚い殻を、何度も何度も叩き続けてくれた。

「私って信頼されていないのかな」

「どうしたら、むっちゃんは私に心を開いてくれるんだろう」

何度もそう思ったことがあったという。もちろん僕は、妻には心を開いているつもりだった。でも、やはり心の奥では、ブレーキがかかってしまっていた。

妻はどんなときもあきらめなかった。だから、

「黙ってないで、むっちゃんの思いを聞かせてよ！」

と目に涙を浮かべながら、僕と真正面から向き合い続けた。妻の努力があったからこそ、僕の殻にどんどんヒビが入り、そして、この瞬間に割れたんだ。

約20年の歳月がかかった。

僕にとってどれほど大きなことだったか。自分の世界が広がったような気がした。

「やっぱり言い合うことって、お互いが心からリスペクトをしていないと成り立たないな」

僕はそう思った。感情を言葉にできた自分が嬉しかった。この喜びを感じることができたのも、妻がいたからだ。

父親も母親も大変だ。その大変さの種類も違う。それを、お互いがリスペクトできれば、さらに絆が深まっていくことがわかった。

もっと妻をリスペクトしよう、家族を大切にしよう。僕と妻と子どもたちは、同じ塊のなかにいる。「これがファミリーなんだ」と思った。

後輩へのアドバイス

この出来事をきっかけに、自分の考えを周りにきちんと伝えられるようになった。

これまでは、後輩選手に対しても、アドバイスをするようなことはなかったし、同期や先輩と食事に行って熱いサッカー談議になっても、会話にはあまり入らないようにして、黙って聞き役に徹することが多かった。

「武蔵、お前はどうなんだよ?」

そう振られても、

「俺もそう思います」

と頑なに自分の意見は言わなかった。

当然、仲間や後輩の行動で気になっていることがあっても、それに対して僕が指摘をすることはなかった。

今まで監督や周りが自分に何を求めているかを感じ取って、自分なりに受け入れつつ、必要なものと不必要なものを選別してやってきた。でも、それは、あくまで僕のなかだけの話だった。

「僕は僕、人は人」

そう思って、他人に価値観を押し付けるのはよくないと思っていた。

同時に、「人に何かを指摘することで、嫌われたらどうしよう」「言い合いになってしまったらどうしよう」ということばかりを考え、言動にブレーキをかけていた。

はっきりと言えば、他人に介入したくなかったのだ。

でも、妻に本音をぶつけたことで、家族以外の人たちに対する殻も、さらに破れた。

そんなある日、コンサドーレのチームメイトに対しても、はっきりと意見を口にすることがあった。

ミシャ監督から何度も同じことを言われていた後輩選手に対して、僕は自分から声をかけたのだ。

「監督の言っていることを一度自分の中に落とし込んで、それで自分なりに取捨選択すればいい。だから、まずは一回受け入れてやってみることが大事だよ。それができなかったら、プロとしては長くやっていけないよ」

とはっきりと言った。今まで人にそんなことを言ったことがなかったのに、ためらうことなく言った。

僕は、その後輩の才能を認めていた。本当にいい選手だけど、聞く耳をもてば、もっとうまくなると思っていた。ミシャさんに言われている後輩を見かけるたびに、純粋に「もったいないな」と思っていた。

そして本人には、

「また言われていたなあ」

とおちゃらけていた。でも、このときは、

「きちんと言わないと彼のためにならない」

と思って、自然と言葉が口から出た。

もしかしたら、僕自身もレギュラーになって、日本代表にもなって、うぬぼれるときもあったかもしれない。しかし、それに気づかせてくれるのも、周りの意見だとわかっていた。

今までは、言われたことを聞くだけだった。

でも、妻とのあのやりとりをきっかけに、自分が気づかせる側になることの責任というか、人の成長を願って行動することも大事なんだという自覚が芽生えた。

そこからは、先輩たちとも熱いサッカー談義や人生談義をすることが一気に増えた。あんなに避けてきたのに、どんどん思いを伝えるようになった。とくにコンサドーレのレジェンドである宮澤裕樹くんや石川直樹くんとは、本当によくチームのことや将来のことを話すようになった。

一緒に「Ｈｏｋｋａｉｄｏ ｄｒｅａｍ」をやっている、スゲさん（菅野孝憲）や（荒野）拓馬とも、今後の支援活動について、熱のこもった議論ができるようになった。

とくにスゲさん、裕樹くん、直樹くんは、自分の意見をきちんと人前で言うことができる。しかも、わかりやすく、きちんと筋が通っている。それが僕にはかっこよく映ったし、うらやましくもあった。

でも、今は、その人たちに対しても、自分の意見が言えるようになった。

これは劇的な変化だった。人生、サッカーの両面で、より自分を表現できるようになっていった。

旅立ちのとき

2020年7月4日、ついに中断していたJリーグが再開された。

いろいろ葛藤はあったが、リーグが始まれば、コンサドーレの勝利に全力を尽くすのみだ。第2節の横浜FC戦、僕は2ゴールを挙げて、ルヴァンカップ開幕戦から続く公式戦連続ゴールを継続し、2―1の勝利に貢献した。上々のリスタートだ。

第3節の鹿島アントラーズ戦、第4節の清水エスパルス戦でも1ゴールずつ挙げ、早くも今季リーグ5ゴール目を挙げることができた。

そのタイミングで、僕のもとに代理人から一本の電話がきた。

「武蔵、今、ベルギーのクラブから獲得したいという連絡があった。少し話せるか?」

「はい、大丈夫です」

背筋が伸びた。ついに僕のもとに、ヨーロッパのクラブからの正式な話がきた。

オファーを出してくれたのは、ベルギー1部リーグのKベールスホットVAというクラブだった。

ベルギーでは首都ブリュッセルに次ぐ第2の都市であり、風光明媚な港湾都市として知られるアントワープに本拠地を置く、ちょうど1部リーグに昇格したばかりのクラブだった。

「それでいきなりなんだが、向こうはすぐに回答が欲しいらしい。どうする？」

いったん電話を切って、妻と話し合った。

これまでは、興味を示しているという程度の話だったが、今回は具体的なオファーだった。もう少し待つという選択肢もあったが、ほかのクラブが正式オファーをくれる確証はない。もしかすると、このチャンスを逃したら、またいつ、こういったオファーがあるかはわからない。

それに僕は、海外に行くのならば、日本人選手がいないクラブに行きたかった。もしも日本人選手がいたら、きっと、その選手に自分は甘えてしまう。せっかく厳しい環境に飛び込むのならば、周りの全員が自分のことを知らないようなクラブがいいと思っていた。

最初は４大リーグ（イングランド・プレミアリーグ、スペイン・リーガ・エスパニョーラ、ドイツ・ブンデスリーガ、イタリア・セリエA）に行きたかったけど、ベルギーのジュピラーリーグであれば、ステップアップするには、もってこいのリーグだと思っていた。

その意味で、ベールスホットからのオファーは魅力的だった。

「いいよ、むっちゃんが行きたいなら。絶対に行ったほうがいい」

妻は僕の気持ちをよくわかってくれていた。このとき、妻のお腹には3人目の子どもの命が宿っていた。だから、移籍が決まっても、最初は1人でベルギーに行かなければならない。かわいい子どもたちと妻とは離れたくなかったが、妻の笑顔を見て、決心した。

今の自分ならば、海外に渡ってもやっていける。

日本代表においても、「俺の動きに合わせてくれ」と主張できる選手になりたい。そうなるためには、海外のチームに行って、どの選手よりも結果を出して、「俺は俺だ」ということを証明していかないといけない。

「俺、ベールスホットに行きます」

代理人に意思を伝えた。そして、すぐにミシャさんに報告しにいった。

「ミシャさん、夢だった海外に挑戦したいと思います。ベルギーのベールスホットというクラブです」

するとミシャさんは、優しい笑顔でこう答えた。

「お前がいなくなるのは本当に寂しい。けれど、武蔵ならばベルギーで活躍できると思うし、さらに、その上のステップにも行けると思うから俺は快く送り出したいよ」

ミシャさんはかけがえのない恩師の1人だ。ミシャさんがいたからこそ、コンサドーレに来たし、北海道という素晴らしい土地と、アットホームなクラブと出合うことができた。

ミシャさんだけではなかった。野々村社長をはじめとしたスタッフも、みんな笑顔で「寂しくなるけど、頑張ってこいよ」と、僕の背中を押してくれた。スタッフやチームメイト、そして北海道でお世話になった人たちに挨拶をして、2020年8月15日、僕はベルギーへ旅立った。


こうして、異国の地での新たな挑戦が始まった。

その初っ端、アントワープに向かう途中で、思いもよらない嬉しい偶然があった。

それは、ドイツのフランクフルト経由の便に乗るために、羽田空港のラウンジで、仕切りで区切られた椅子に座っていたときだった。これまでもチーム遠征や代表活動などで、海外にはよく行っていたが、今回は新型コロナウイルスの影響で、代理人やマネージャーなど帯同してくれる人もおらず、一人での移動だった。

正直、不安が大きく、落ち着かなかった。すると、仕切りの隙間から、強い視線を感じた。顔を上げると、こちらをじっと見つめる南野拓実の顔があった。

「え、拓実？」

「やっぱり武蔵か！　よかった、俺1人でちょっと寂しかったんだよね」

「俺もだよ！　1人だし、初の海外移籍だし、めちゃくちゃ不安で寂しかった！」

本当に偶然だった。拓実も日本での休暇を経て、僕と同じ便でリヴァプールに戻るところだった。

拓実も新型コロナウイルスの影響で帯同する人がおらず、1人でラウンジにいたら、たまたま斜め向かいの個室に座っていた僕に気づいたそうだ。

10代のときから、ともに過ごしてきた拓実の顔を見て、驚きとともに大きな安堵感が生まれた。

拓実はすでに海外で6年目を迎えている大先輩だ。拓実は海外でプレーするにあたっての話をしてくれた。そして、これからの日本サッカー、昔話、プライベートのことまで、本当に多くのことを語り合った。

フランクフルトの空港の税関に着くと、拓実は流暢なドイツ語で、僕の手続きもサポートをしてくれた。その姿は〝これぞ海外組〟という感じでかっこよかったし、僕もこうなりたいと思った。

そこからは僕がブリュッセル行きで、拓実はロンドン行きのフライトだったので、そこで別れた。しかし、拓実の便の搭乗ゲートが僕の隣のゲートに変更になり、すぐに再会して、またいろんな話をすることができた。

今思うと、僕が初めて年代別日本代表に入ったときに、一番に拓実が、

「Can you speak Japanese?」

と話しかけてくれたからこそ、僕はスムーズにチームに馴染むことができた。彼に対する運命を感じるとともに、つねに僕の先を走る、尊敬できるトッププレーヤーから勇気と刺激をもらえた。僕はリラックスした気持ちで、ベルギーの地に降り立つことができた。

どこでも誰とでも

ベールスホットが僕に用意してくれた背番号は10番だった。桐生第一でつけていた番号だ。

僕はあまり背番号にこだわりをもってなかった。だから、すでにチームで10番をつけていた選手がいたのにもかかわらず、その選手の番号を変えてまで、僕に10番を渡したいと言ってくれたときは、正直、戸惑った。別の番号でもいいと伝えても、クラブのスポーツマネージャーは、

「いや、どうしても君に力強いナンバーを渡したいんだ」

と口にし、僕もその思いに応えようと承諾した。

こうした経緯もあったからなのか、初練習のときは明らかに歓迎されていなかった。

1部昇格に貢献した選手たちは、新戦力の選手たちをよく思っていなかった。パス回しをしても、僕にはなかなかパスがこなかった。フォーメーション練習をしても、僕の動きは見てもらえなかった。

ある練習中には、僕に聞こえるような声でこう話していた。

「絶対に去年からのメンバーのほうがいい。そっちのほうが絶対に勝てる。新しい選手、誰も良くないいじゃないか」

僕は怒りを覚えた。

でも、これこそが、僕が求めていた環境だった。完全に自分はよそ者で、そこから信頼を一つずつつかんでいく。到底、居心地がいいとはいえない環境を、自分の力でいいものへと変えていく。今は何を言われても落ち込まないし、逆に、

「もっと言えよ、絶対に俺は負けないから」

とモチベーションに変えることができていた。

リーグ第4節のスタンダール・リエージュ戦だった。僕は移籍後、初のベンチ入りを果たすと、77分に途中出場してデビューを飾った。

そして迎えた、9月18日のリーグ第6節のシャルルロワSC戦。スタメン出場を果たした僕だったが、この試合はチーム全体の動きが嚙み合わず、アディショナルタイ

ムを迎えた頃には０―３とリードされていた。

それでも、何がなんでも点を取ると思っていた僕に、最後の最後にチャンスがやってきた。ペナルティエリア内で味方から絶妙なパスが届き、僕はファーストタッチから思い切り足を振り抜いた。しっかりとボールにパワーが伝わったシュートはゴールに突き刺さり、ベルギー移籍後、初ゴールとなった。

チームはそのまま１―３で敗れてしまったが、このゴールは自分のなかでは大きな自信になった。それでも、簡単には周りの選手の評価は変わっていないように感じた。

試合後のロッカールーム。これまで、僕がスタメンじゃない試合は連勝していただけに、周りからは、

「こいつを使ったから負けたんだ」

というような雰囲気を感じた。実際に、

「あいつがもっと早く決めていればな」

という声も聞こえてきた。

試合ばかりでなく、トレーニングでも、そのような状況は続いた。

僕がシュートミスをすると、ここぞとばかりに、

「へ～～～イ！」

と叫んで馬鹿にしてきたり、茶化したりしてきた。

「こんなシュートも決められないのかよ」

と言われることもあった。

それでも「1点取ったくらいじゃ変わらないよな」と思う自分がいた。もっと結果で示さないと認められない。

「何があってもこのチームで一番点を取ってやる」

そう自分を奮い立たせた。

一方で、見た目に対しては、何も言われなかった。チーム初合流のときこそ、

「日本人っぽくないね、どっかの血が入っているの？」

と聞かれ、

「日本人とジャマイカ人のハーフだよ」

と答えたくらいで、そこから何か言ってくる人はいなかった。むしろ、僕を日本人として扱ってくれて、東京の街のことを聞いてきたり、日本食や日本の文化のことを興味深く聞いたりしてくるチームメイトもいた。

温かさと厳しさの両方を感じながら、僕は周りを納得させるプレーをするために、日々、全力で取り組んだ。

この想いが結実したのが、続く第7節のワースラント・ベフェレン戦だった。

僕はベンチスタートだったが、1―2で迎えた74分に投入されると、80分に同点ゴ

ールを叩き込んで一気に流れを引き寄せた。これで勢いに乗ったチームは、後半アディショナルタイムに逆転ゴールを挙げて、３―２で勝利を収めた。

このゴールは、僕の立場を大きく変えた。勝利に貢献したことでようやく認められたのか、その日を境に、僕に対するマイナスな発言はピタリと止まった。

それどころか、つい先日まで僕の悪口を言っていた選手が、

「武蔵～！」

と陽気に声をかけてくるようになった。まるでこれまでのことがなかったかのように振る舞う仲間に、最初は戸惑った。でも、

「これがこっちの人たちのスタンダードなんだな」

と納得できた。むしろ変に感情を引きずらずに、あっさりしているこちらのほうが、僕には合っているとも感じた。

変化があったのは人間関係だけではなかった。トレーニング中から、僕の動き出しに合わせてパスがくるようになった。それまでは、オーストリア人ＭＦのラファエル・ホルツハウザーのみ僕の動きを見てくれて、練習や試合中に目が合う回数が多かった。でも、この試合を境に、ほかの選手とも目が合う回数が劇的に増えた。

ようやく自分の思うようなプレーができるようになったとき、忘れもしない試合を迎えた。

ベルギーリーグ第10節のロイヤル・アントワープとのアントワープダービーだ。ロイヤル・アントワープには三好康児がいて、「日本人ダービー」でもあった。絶対に勝ちたい一戦だった。僕もチームメイトも監督も、心の底から気合が入った一戦だった。試合は立ち上がりに2失点を喫する苦しいスタートだったが、25分に左からのクロスを僕が蹴り込んで1点を返した。

そして、45分には僕がスローインから抜け出し、相手ＤＦの股を抜くドリブルでカットインをして、ペナルティエリアに侵入した。

すると、ゴール前から僕を呼ぶ声が聞こえた。クロスにするか迷ったけど、僕は思い切り右足を振り抜いてシュートを狙った。ボールはわずかに枠を外れ、味方からは、

「なぜ俺によこさないんだ！」

と怒鳴られたが、迷わずシュートを打てたことに納得していた。

「必ずもっと点を取ってやる」

アドレナリンがどんどん湧き出ているのがわかった。

73分、右サイドを破った味方に対して、僕はダッシュで併走し、パッと顔を上げると、ゴール前にできた広大なスペースを見つけた。迷わずそこに走り込むと、味方から正確なクロスが届き、僕は冷静に右足を振り抜いてゴールネットに突き刺した。

ついに同点。自分のゴールよりも、この勢いのまま逆転をしたくて、僕はゴール

に入ったボールを抱えてセンターラインまで走った。しかし、チームは直後の74分に失点し、2―3で敗れてしまった。

タイムアップのホイッスルが鳴った瞬間、悔しくて涙がこぼれてきた。大事なダービーマッチで勝ちきれなかった。自分が2得点したことよりも、負けたことが本当に悔しかった。

ロッカールームでも涙が止まらず、仲間たちが優しく慰めてくれた。

やはり僕はどこに行っても負けず嫌いだ。負けることが大嫌いで、次は負けないように努力をする。この繰り返しがあったからこそ、今の僕がある。〝泣き虫武蔵〟は、やはり僕のベースだ。

この涙を機に、さらにベルギーで活躍する決意と覚悟が固まった。

レギュラーに定着した僕は、第11節のOHルーベン戦でも1ゴールを挙げて、4―2の勝利に貢献できた。

心の真ん中に軸をもつ

だが、そのあたりから海外に来て初めての大きな壁にぶつかった。

10月31日のOHルーベン戦から、約2カ月半もの間、ゴールから遠ざかってしまった。この間、リーグ8試合が行われ、そのすべてにスタメン出場を果たしたが、ゴールどころかシュートを放つ回数も激減した。

その頃、日本代表の二つの合宿も行われた。新型コロナウイルスの影響により、日本国内で活動できない代わりに、日本サッカー協会や関係者の方々の尽力により、ヨーロッパでプレーする選手のみで日本代表を構成し、強化試合を行うことができた。

一つ目の合宿では、オランダのユトレヒトで10月9日にカメルーンと、13日にコートジボワールと対戦した。ベールスホットでもコンスタントに点を取っていた時期で、周囲の期待も感じていた。しかし、コートジボワール戦でスタメン出場をするもノーゴールだった。

二つ目の合宿では、オーストリアのグラーツで11月13日にパナマと、17日にメキシコと対戦した。僕はメキシコ戦にスタメン出場をしたが、ここでもノーゴール。

所属クラブでゴールがピタリと止まり、代表戦でもノーゴール。自分のなかで大きな焦りが生まれていった。

「俺、点が取れていない時期は、どう考えていたんだっけ」

メキシコ戦での決定機を外したシーンが、頭の中から離れなくなっていた。左サイドから元気くんのクロスが届いたとき、僕は完全にフリーだった。冷静に右足でトラップをして、慎重に右足でシュートを放ったが、慎重になりすぎて、ＧＫが前に飛び出す時間を与えてしまった。シュートはＧＫの右足に当たり、ゴールにはならなかった。

このシュートを決められなかったことが、とてもショックだった。当然のように、試合後は「役立たず」「鈴木武蔵じゃ点は入らない」「大迫選手を出せ」などと、辛辣な批判を浴びた。

「代表でも真のエースストライカーになるために海外に来たのに、この結果では言われるよな」

プレー全体が悪かったとは思っていない。大迫選手とは違うかたちで、自分の持ち味も出すことはできた。しかし、あの決定機を外してしまったことが、いつまでも心に引っかかった。

そのあと、ベールスホットでもゴールがピタリと止まった。なかなかチャンスにも絡めず、結果も出せない。だが、それでも監督はずっとスタメンで使い続けてくれた。

正直、僕は、

「スタメンを外してほしい」

と何度も思った。ストライカーとして点を取れないのならば、いさぎよく外してほしいと思っていた。

自信を失いかけていた。コーチ陣からは、

「お前が点を取れなくても、毎試合ハードワークをしてくれているし、チームとしては非常に助かっている」

と声をかけられた。でも、僕は、

「このままでは日本代表にも選ばれなくなるだろうし、ステップアップもできなくなる。それじゃあ、何のためにここに来たのかわからないじゃないか」

そんな恐怖感に少し押しつぶされそうになっていた。

「もう日本に帰りたい」

初めて思った。でも、そのときに僕の頭に元気くんと律の言葉が駆け巡った。

「海外に来て半年くらいはめちゃくちゃ孤独だし、試合に出られないときもあるし、なかなか周りから認めてもらえない。マジで日本に帰りたいと思っていた。でも、ここですぐに日本に帰ったら、海外移籍した意味はないし、ダサい。だから、ただ、負けたくないという気持ちだけで乗り切ったんだ」

ベルギーに来てちょうど4カ月が過ぎていた。今まさに、僕はその状況に追い込まれていた。では、僕はどうやってこの状況を乗り切ればいいのか。日本にいる知人に何度も相談をした。V・ファーレン時代に一緒にプレーした親友の幸野志有人からは、

「その壁を今、経験できているということ自体が、ものすごいことじゃないか。日本にいたら、そんな経験はできないんだから、のちのち絶対にプラスになると思うよ」

という言葉をもらった。

「本当にそのとおりだな。この経験も含めて、今ここに来ているからこそなんだ」

この志有人の言葉によって、再び初心を思い出すことができた。

振り返れば、これまでの人生もすべての経験が自分にとってプラスになっている。そのときはマイナスだと思っていた経験も、時を重ねてプラスになる。だから、今、マイナスになっていることも、必ずプラスに転じる瞬間がくるはずだ。

それにこれまでも、あまり先のことを考えたり口にしたりせず、つねに昨日の自分を超えることだけに集中してサッカーに打ち込んできたではないか。

でも、ベルギーに来てからは、ずっと先のことばかり考えてしまっていた。

ベルギーリーグでさらにステップアップしたい気持ちと、代表に残りたい気持ちが強く前に出すぎた結果、ゴールという目に見える結果に固執しすぎていた。

V・ファーレン時代、高木さんがずっと僕に言ってくれたように、ストライカーは

点を取りたい気持ちが強すぎると、逆に点が取れなくなる。そして、点が取れないとどんどん焦ることになる。

僕はベルギーで、この悪循環にハマってしまっていた。

「お前のキャリアは俺が保証するから、お前は毎日、笑顔で頑張っていればいい」

ミシャさんの言葉も、ふと頭に浮かんだ。

「そうだ、俺はこれまでどおり、自分らしくサッカーに打ち込んでいけばいい」

暗闇の向こうに、わずかな光を感じながら、僕は2021年を迎えた。

まず年始に、嬉しい出来事があった。1月上旬に妻と3人の子どもたちがアントワープにやってきて、家族5人で生活できるようになった。

長いフライトだったけど、生まれたばかりの次女も、無事に合流できた。寂しかった1人のときと比べると、毎日が明るくて、家族との絆を感じる日々を送れている。

サッカー面でも変化が起きた。

1月13日の第17節のセルクル・ブルージュ戦で、9試合ぶりにゴールを挙げることができ、その後の試合でも多くのチャンスに絡めるようになった。

1月24日の第21節のズルテ・ワレゲム戦。僕は体調不良で試合に出られる状態ではなかったが、ベンチに入って前半終了間際に投入された。だが、やはり体力がもたずに、後半途中で交代となった。すると、試合後に拓実から電話がかかってきた。

「武蔵、大丈夫か？　ケガをしたのか？」

「いや、体調を崩していて試合に出るつもりはなかったけど、出ないといけない状況になって。でも、途中でもたなくなったから代えてもらったんだ。もう大丈夫だよ」

そのとき、拓実もゴールから遠ざかり、ベンチ外を経験するなど苦しんでいた。それでも僕のことを気遣ってくれることが嬉しかったし、拓実の人間性の素晴らしさをあらためて感じた。いろいろな話をしたが、彼の気持ちはとても前向きで、僕よりも高い壁を前にしても、まったく臆していなかった。

その後、拓実は出番を求めて、同じイングランド・プレミアリーグのサウサンプトンＦＣにレンタル移籍を決断した。逆境に立ち向かい、その先にあるさらなる成長から決して目を離していないのだと刺激を受けた。

拓実だけではない。中島翔哉もポルトガルの名門、ＦＣポルトでいろんな壁にぶつかりながらも、つねにサッカーを楽しみ続けている。

今はＵＡＥ（アラブ首長国連邦）の強豪、アル・アインＦＣにレンタル移籍をして、新たなスタートを切っているが、どこに行ってもサッカーを楽しめるメンタリティーは本当にすごい。あの気持ちが翔哉の強さなんだと、海外にきた今、本当に感じている。

植田直通も、１月に同じベルギー・ジュピラーリーグのセルクル・ブルージュから、フランス・リーグアンのニーム・オリンピックへのレンタル移籍を果たした。

拓実、翔哉、直通。僕より一足早く海外に渡った94ジャパンの仲間たちがこんなに頑張っているのに、ちょっと点が取れなくなったくらいで後ろ向きになっている場合じゃない。みんなが前を向いて、歩みを止めていないのに、自分だけ止めてどうする。

10代のときから絆を深めてきた仲間に、僕はあらためて教えてもらった。目の前の相手に負けない、自分を信じ続けて一番になりたい。シンプルな目標をもって毎日の練習に励むしかない。

当然、その過程には、壁が立ちはだかり、誹謗中傷やネガティブな声もあるかもしれない。でも、そこに直面したときにも、心の真ん中にブレない軸をもち続ける。

これが、これまでの人生で学び、導き出したことだから。

もう傷つくだけの自分じゃない。殻に閉じこもるだけの自分じゃない。

いろいろな人との出会いのなかで経験を積み、僕は自分なりの生き方を見つけた。

だから、僕は日本人の誇りをもち、ハーフの誇りをもって、僕らしくこれからの人生を歩んでいきたい。

それが将来の道を切り拓く最良の方法だと、これまでの人生が教えてくれたから。

エピローグ

「あなたは、なに人ですか？」

そう街中で誰かに問われたら、僕は、

「日本人です」

と答えるだろう。

でも、ジャマイカ人の要素ももっている。もちろん、日本人としての誇りも強く感じている。

「日本は世界で一番だ。とくに東京はなんでもあるぞ！」

よく、ベールスホットのチームメイトには自慢している。

すべてが自分であり、すべてが日本人、鈴木武蔵であると自覚できている。

そして、ベルギーに来て、さらに自分というものを主張できるようになってきた。

ここでは自分を出さないと生き残っていけない。それは日本代表でも同じだ。

そこには自分を取り繕う暇もないほど、厳しい競争と刺激がある。

いつまでもコンプレックスに縛られていては、生きていけない世界だ。僕は日本代表に入って視野が広がり、ベルギーに来て、さらに広がった。本当にここに来て良かったと思う。

大きな広い世界に立ったことで、僕の価値観は激変した。

先日、あるスポーツメーカーのCMが、日本でも大きな話題になっていた。

在日韓国・朝鮮人の女の子、黒人ハーフの女の子が登場し、「わたしって、ナニモノ？」「普通じゃないのかな」「わたし、浮いてる？」「もっと馴染んだほうがいいのかな？」「みんなに好かれなきゃ」「気にしないフリ、しなきゃ」と疑問に思い、時にはいじめにあいながらも、スポーツに打ち込む姿と心の動きを描いたものだった。最後は、

「いつか誰もがありのままで生きられる世界になるって？　でも、そんなの待ってられないよ。〝動かしつづける。自分を。未来を〟YOU CAN STOP US」

というメッセージで締めくくられている。

その映像を観て、僕は共感するところが多かったが、SNS上では、共感する声と同じくらいに、批判が数多く集まっていた。

差別やいじめを扱ったCMは、当事者になったことがない人からすれば、不愉快に思うかもしれない。

僕は当事者だった経験があるので、「わかる」と思う部分が多かった。一番感じたのは、周りから「浮いている」という感覚だ。

やはり、自分が異質というか、周りとは違うという視線。僕自身がそう思っていなくても、周りの視線や雰囲気に飲まれてしまう。それが嫌で嫌でしかたがないから、反発したり、自分を押し殺したりする。

僕は完全に後者だった。周りに染まらないといけない、一緒にならないといけないという強迫観念にとらわれた。物理的には不可能でも、せめて、精神的に染まらないと自分が保てない。狭い社会のなかで自分の居場所を見出せない。必死で周りの色に自分を強引に染めていく。

今思うと、そんなことはしなくてもよかった。どうあがいても僕は純粋な日本人にはなれないし、それは変えられない事実なのだ。

でも、幼ければ幼いほど、見えている世界は狭いし、苦しみも大きい。

「その世界から抜け出せばいい」

と言うのは簡単だけど、言うだけではなかなか見えている世界の狭さに気づくことはできない。

だから、僕は周りの人間がどう振る舞うかが重要だと思っている。親であったり、兄弟であったり、学校の仲間や先生だったり、いろいろな立ち位置があるが、

「もっと外を見よう、世界は自分が思っているより広いよ」

ということを気づかせてあげてほしい。そのことを、僕はプロサッカー選手として

自分の経験をもとに伝えたい。

今、僕は自分が黒人のハーフであることに誇りをもっている。

僕が本当に恵まれていたのは、自分がもっていた強烈なコンプレックスを、家族やサッカー関係者や仲間たちが、ずっと肯定し続けてくれたことだ。

吉武さんは、大人になった僕にこう言ってくれた。

「武蔵、お前はハーフであること、肌の色が黒いということで苦しんできた。でも、それを受け入れながら、サッカーや日常生活を一生懸命に送ってきたということは、話さなくてもわかっていた。だから、そんな武蔵に俺は『頑張れ』とは言えなかった。周りが武蔵に合わせることが大事だったし、周りが頑張れよと。お前は褒めてもリアクションが薄かったけど、目の奥の輝きは隠せていなかった。『僕のこと、わかってくれるんですね！』という目の輝きが見えたんだよ。それが俺にも伝わったから、余計に『特別扱いしちゃいけない』と思って接していたんだよ」

嬉しかった。いじめられたり、差別されたりするのは嫌だけど、特別扱いされるのもつらい。周りとの軋轢を生むし、プラスにならない。普段どおりでいることが本当に大切で、僕も周りを特別扱いしないようにしている。

普段明るい子でも、その裏には暗い家庭環境があるかもしれない。心から腹を割って話すことがない人は、サッカー選手のなかにもいるから、僕だけではないんだろうなというのは、すごく感じている。

これは僕のストーリーだけど、人それぞれに抱えているものがある。明るい人ほど闇があるような気がする。暗い過去が多い人ほど、苦労した人ほど明るいかもしれない。しかも、それはすべての場所ではなく、この場所では明るいけれど、ほかの場所では暗いというように、立ち位置で異なっている気がする。

それはせめて、人前とか、それぞれの場所で明るくしておかないと、もたないからなのかもしれない。家や学校、職場やコミュニティで明るいキャラクターを演じることで、別の場所にあるつらいこと、悲しいことと切り離そうとしている。

それはあくまでも自分を守るための予防線なのだと思う。僕も「日本人、鈴木武蔵」を必死で守るために、そういう処世術を身につけていった。

ただ、僕のように処世術を見つけられればいいけど、なかにはそれができない人もいるはずだ。そういう人は、僕の過去よりもつらい思いをしているだろう。

今思うと、僕にはサッカーがあった。親からもらった身体能力があった。だから、そこで目いっぱい自分を表現することで、周りから評価されてきたし、明るくいられる最高の仲間を見つけることができた。

そして、今の僕は、サッカーと家族という最高の居場所をもっている。職業となったサッカーで苦しいことがあったら、家に帰ってそれを忘れ、ありのままの自分でいることができる。

人間は一つのことばかり考えていたら、かえって視野(しや)が狭くなる。明確(めいかく)な答えが出なくて、その苦しみにとらわれてしまい、なかなかそこから抜け出せなくなる。

だから、それを忘れるくらい没頭(ぼっとう)できる、機会や場所が必要だと思う。

それは、スポーツでも、楽器の演奏(えんそう)でも、歌を唄(うた)うことでも、絵を書くことでも、何でもいいと思う。学校だったり、公園だったり、別の世界が必要なんだ。

僕は日本に来てしばらくは、「ハーフで黒人＝人と違う＝悪」だと思っていた。その価値観(かちかん)に縛られていた。でも、サッカーという別の世界を通じて、その価値観から少しずつ解放されていった。僕はこの本を通して、それを伝えたいんだ。

今見えている世界がすべてかい？

ちょっと顔を上げて周りを見渡せば、別の世界もあるはずだよ。

顔を上げてごらん。雲は流れて空は高く広がっているよ。

今、とらわれていることは、意外とちっぽけなことかもしれないよ。

もしかしたら、「お前はサッカーの能力があったから、そういうことを言えるんだよ」と思う人もいるかもしれない。

でも、僕にとっては、たまたま別世界がサッカーだっただけだ。いざサッカーの世界に飛び込んでも、結局、いろいろと言われたし、悲しい出来事もたくさんあった。

でも、僕は、それ以上にサッカーというスポーツが好きで好きでしかたがなかった。好きじゃなかったら、あんなに没頭できなかったし、こうして職業にできていなかったと思う。

サッカーじゃなくていい、ほかのいろいろなスポーツ、文芸、音楽、芸術、天体、医学、科学、料理、アニメ、なんだっていい。それぞれの好きなものを見つけて、それを大切にしてほしい。つらいことがあったら、逃げてもいい、没頭すればいい。

そうすれば、その世界でつらいことを忘れることができるし、新しい学びもあるし、逆に新しい困難に立ち向かうことができる。

もし、「これをやったら親から反対されるんじゃないか」「周りから白い目で見られるんじゃないか」と思うようだったら、その気持ちを変えてほしい。自分が好きなら、とことんその気持ちを大切にしてほしいと思っている。

否定を肯定に変える。これは僕の人生を通じて学んだことでもある。

僕の人生は、小学校3年生から、一気に自己否定の世界になった。でも、そのなかで自分を完全否定だけはしなかった。絶対に負けたくないという気持ちや、サッカーがもっとうまくなりたいという気持ちに対しては、肯定し続けていた。それをやり続けたら、どんどん肯定できる部分が増えていった。

　お店で髪を切ることも、鏡に映る自分の顔も肯定できるようになった。

　結局は、自分で自分を好きにならないと、自分の力で立ち上がれない。

　変えられない現実と、変えられる未来があると僕は思っている。

　どうあがいても変えられない現実は受け入れ、それを強みにしていく。絶対にどこかで否定していたものが強みになることがある。僕は黒人のハーフという部分を一番ネックに感じていたけど、今はそれで良かったと思っているし、そんな自分が好きだ。

　昔は生まれ変わって普通の日本人になりたいと思っていたけど、今は生まれ変わっても黒人のハーフ、ありのままの自分でいたいと思っている。

　肌の色だけでなく、人はそれぞれに〝色〟がある。そもそも、その色は、みんなそれぞれ違うのに、同じ色にしようとするから無理が生じる。

　短い人生、誰かの色に合わせて生きていくのは、窮屈(きゅうくつ)だしもったいない。


　もう誰の色にも染(そ)まらなくていい。

　自分らしく生きればいい。

　そのうえで、他人の色を尊重(そんちょう)すればいい。

これは、自分の子どもたちだけでなく、全国の子どもたちに伝えていきたいことだ。殻はつくったけれど、自分らしく生きてきたから、今がある。

僕はもっともっとサッカーが上手くなりたいと思っている。

海外で日本人選手として結果を残し、日本代表としても、もっと信頼される存在になりたい。ワールドカップにも日の丸を背負って出場し、活躍したいと思っている。

そして引退後は、日本人の誇りをもちながら、国内外でいろいろなことにチャレンジしたい。

自分のルーツであるジャマイカという国の存在にも、最近、どんどん興味が湧いていて、いつかは日本からツアー旅行を組んで一緒に行ったり、ジャマイカの子どもたちとの交流プロジェクトもやりたいと思っている。

僕には、日本もジャマイカも大切な国。今プレーしているベルギーや、これからステップアップできるかもしれない国も、僕にとっては重要な存在になるだろう。

どこに行っても、何をしていても、僕は僕、鈴木武蔵であることに変わりはない。

それをこれからの人生でも証明し続けていきたい。

ありのままの自分に、誇りをもち続けて。

あとがき

最後までお読みいただき、ありがとうございました。

正直にいうと、お話をいただいたときは、自分の本を出すことは時期尚早だと思いました。自分はまだまだサッカー選手として、発展途上にあると思ったからです。

そんなときに、ノンフィクションライターの安藤隆人さんと、偶然にお会いする機会がありました。

16歳の頃から自分を取材してくださっていたご縁もありますが、

「今、世の中で差別や偏見に対する議論が頻繁に行われているけど、武蔵選手がそれに対してストレートに主張するのではなく、自分が何を感じて、どう生きてきたかをリアルに伝えることはとても意義があると思うんです」

という安藤さんの言葉に熱意を感じ、本を出すことを決めました。

本をつくる過程において、サッカー選手の部分ばかりを押し出した内容にならないように意識しました。よくあるアスリート本ではなく、自分の色を出して、自分にしか出せないメッセージを伝えようと思いました。

人と違うことに思い悩んだ自分だからこそ、似た境遇の人や、逆境に立っている人と、本書を通じて思いを共有できるのではないかと考えたからです。

しかし、実際に取材が始まると、なかなかスムーズに言葉が出てきませんでした。新型コロナウイルスの影響と、ベルギーに移籍をしたことで、取材は対面ではなく、すべてテレビ電話を使って行われました。そんな画面越しのやりとりの影響もあったと思います。

そして何より、本文にもある「心の殻」が、ここでもじゃまをしていたんだと思います。

本音で語っているつもりでも、本能的に本心を殻が包んでしまう。そんなやりとりが何回か続きました。当初は、そのこと自体に、自分自身が気づいていませんでした。ですが、ゆっくり、焦らず、粘り強く、僕の心の殻が取り払われるタイミングまで、制作チームのみなさんが待ってくれました。

だんだん自分も、これまでの記憶が解放されていくように、言葉や思い出、そのときの感情が浮かんでくるようになりました。

おかげで最後は、過去の自分自身とも心から向き合うことができました。

本をつくる過程でも、大きな気づきと成長があったと感謝しています。

人は誰しも他人と違うものを、一つはもっていると思います。だから、それを受け入れて、大切にしてほしいと思います。

現在住んでいるベルギーには、僕のような黒い肌の人も、白い肌の人も、アジア系の人も、さまざまな人が暮らしています。多くの人種がいることが、当たり前の環境です。

しかし、だからといって、この国に差別がないわけではありません。

差別というのは、自分と違うことに違和感を覚え、自分の価値観を相手に押し付けることだと思います。黒人を嫌いな人もいれば、白人を嫌いな人もいるし、黄色人種を嫌いな人もいます。肌の色だけではありません。人間社会であれば、好きな人もいれば、嫌いな人もいる。

一つたしかなことは、そのなかで僕らは争うことよりも、共存したほうがいいということです。

それには、まずは自分をしっかりと受け入れることが大切だと思います。

周りとの違いを気にして、自己否定ばかりだった「ムサシ」が、さまざまな人との出会いや経験を経て、自分の心の真ん中に芯をもつ「武蔵」に変わっていく過程を、読者の方に疑似体験していただけたのではないかと思います。

だから、もしも今、あなたが苦しんでいたら、ヒントの一つにしてみてください。

もしも、あなたの周りに、生い立ちや家庭環境、いじめや別れなどのさまざまな要因で塞ぎ込んでいる人がいたら、その人のいい部分を肯定してあげてください。褒めてあげてください。

僕も周囲の人の励ましや後押しに、本当に救われてきました。

数多くの仲間や指導者、そして最愛の妻と子どもたちに支えられ、今があります。

そして、ずっと女手一つで僕と弟を育ててくれた母。僕が複雑な感情を抱いているときも、いつも変わらない真っ直ぐな愛情を注ぎ続けてくれました。

僕の知らない苦労も数多くあったでしょうが、母はいつでも笑顔を絶やさず、明るく振る舞っていました。

僕はそんな母の血を引いています。

だから、僕も自分のやり方で、自分の子どもたち、そして、出会うすべての子どもたちに伝えていきたいと思っています。

自分の色は変えなくていい。自分らしく生きればいいと。

どこに行っても、僕は僕。鈴木武蔵であることに変わりはありません。

ですから、他人を気にして、他人のために生きるのではなく、これからも自分という色が滲まないように、自分の心の真ん中に芯をもって、生きていきたいと思います。

最後に、本書を出すにあたり、何度も何度も正面からぶつかって、僕の心の殻を破ってくださった安藤隆人さんに心から感謝します。

そして、僕の想いを書籍という一つのかたちに仕上げていただいた徳間書店のブックプロデューサーの苅部達矢さん、マネージャーであり僕の活動の大切なパートナーである折尾仁さんをはじめ、本書の制作にかかわったすべての方々に、感謝を申し上げます。

偶然が折り重なった奇跡のような人生と、届けたい想いの両方が込められた本書が、読者の方々の心に、ポジティブに響いてくれることを心から願っています。

鈴木武蔵

構成者あとがき

初めて彼を見たのは、U－16日本代表として初選出された千葉合宿のことだった。ピッチに立っているのは、明らかにハーフとわかる選手だったが、メンバーリストにはハーフの選手らしき名前はなかった。

「あの選手はいったい何者なんだ？」

その選手が〝鈴木武蔵〟とわかったときは、驚きよりも「ついにこの時代が来たか」という気持ちのほうが大きかった。

ヨーロッパや南米などでは、いろんな人種が入り混じり、代表チームでも肌の色が異なる選手たちがチームメイトとしてプレーすることは何もおかしいことではない。だが、島国である日本においては、どうしても同じような肌の色と顔立ちの人たちが多く、異質に映るかもしれない。今では当たり前のようにアフリカや北中米カリブなどの国々をルーツにもつ、いわゆる黒人のハーフの子たちは日本にたくさんいる。

僕は育成年代のサッカーをメインに取材しているが、近年はどのチームにもそういう選手がいて当たり前の環境になっている。しかし、ほんの十数年前は本当に珍しかった。だからこそ、武蔵選手はより目立って見えた。

ただ、国際化が進む世の中において、国際結婚やルーツを異国にもつ子どもたちが存在することが当たり前になりつつあるにもかかわらず、肌の色が違うからといって異質なものと受けて止めてしまうのはちょっと違うのではないかと思った。

実際に取材をして、シャイだが一生懸命、質問に答えてくれることにすごく好感を抱いた。サッカー面では、ピッチに立つとずば抜けたスピードと躍動感あふれるドリブル、そして鞭のようにしなやかで鋭いスイングで放たれるシュートはどれもインパクト絶大だった。

「世界を目指しているのならば、武蔵のような選手たちがいるのが当たり前の環境に行くのだから、(肌の色は)関係ないよね」

と、彼を初めて年代別日本代表に引き上げた、当時のU-16日本代表監督、吉武博文さんの言葉は今でもはっきりと覚えている。

その当時から、どうしても周囲から異質なものを見る目を向けられ、目立ちたくなくても目立ってしまうと感じ、「これまでいろいろな苦労があっただろう」と想像した。でも、武蔵選手はそれを感じさせないほど明るく、笑顔が絶えない選手だった。

屈託のない笑顔を見せる少年は、立派なプロサッカー選手になり、再び多くのコミュニケーションを取るようになった。

そのきっかけとなったのは、U-16、U-17日本代表でチームメイトであり、彼と親交のある早川史哉選手の本を私が制作したことだった。

頻繁に連絡を取るようになり、いろいろな話をしていくうちに「彼の本当の思い」を知りたくなった。普段は穏やかな口調で話をするが、だんだん「武蔵選手は欲がないのかな？」と思うときもあった。

これだけ結果を残しているのに、「世界に行きたい」「日本代表としてW杯に出たい」などといった将来の夢をまったく口にしない。私が言葉を引き出すべく会話を仕向けても、まったくと言っていいほど乗ってこない。

そこに疑問を抱き始めると、普段の穏やかな口調にも、どんどん疑問をもつようになった。

「今言っていることがすべて本音とは思えない。彼の本心が知りたい」

沸々と好奇心が湧いてくる私がいた。いつしか彼と話をするときは、心の奥底にある本心を意識するようになったが、奥底まで手が届かない。考えていくうちに、私のなかで湧き出る疑問の答えが徐々に見えてきた。

「あまり自分を表に出さないことこそが、武蔵選手がこれまでの人生で身につけた処世術なのではないか」

彼は見た目や名前などで、周りから違和感を覚えられることが多かったはず。今でこそ有名なサッカー選手だが、幼少期はもっと好奇の目にさらされて、いじめられたり、心ない言葉や偏見を浴びたりすることが多かったのではないか。それが日常になっていくなかで、あえて明るく振る舞ったり、自分の本心を言わずに周りに同調したりすることが、自分が傷つかないで生きていくために必要な要素だったのではないか。

この仮説ができた瞬間に、「武蔵選手の本を書きたい」と強く思うようになった。だが、肝心の本人にその気がなければ意味がない。

どうやってこの思いを本人に伝えるか迷ったが、最終的には「変にまどろっこしくするのではなく、ストレートに言おう」と決心して、正直に自分の思いを伝えた。

正式な答えまで数カ月かかったが、最終的には彼のほうから、

「よろしくお願いします」

という言葉が返ってきた。お互いの覚悟が決まった瞬間だった。

いざ、この本を制作することが決まったものの、そこから待ち受けていたのはあまりにも硬すぎる彼の心の殻だった。

最初のインタビューでは私が聞き出したいことの4分の1も引き出せず、インタビューを終えたあとにしばらく言葉を失った。だが、逆にここまで強固な殻をつくってしまった要因をより知りたくなった。そこに彼の人生の本質が隠されていると思った。

ここから何度も何度もインタビューを重ねた。

そのたびに分厚い殻に跳ね返されながらも、あらゆる角度から疑問と想像をぶつけ

続けると、だんだんその殻にヒビが入っていく手応えを得るようになっていった。

武蔵選手にとってもつらい時間もあったと思う。心をえぐるような質問をしてしまったと思う瞬間もあった。だが、いつのときも彼は真摯に真正面からぶつかってきてくれた。それに対して、自分も妥協はいっさいしなかった。

「妻に初めて自分の意見を伝えたときに、僕は何かが大きく変わったんです」

この一言があふれてから、大きくコミュニケーションの内容が変わった。

次から次へと出てくる彼の深層心理。聞けば聞くほど彼が過ごしてきた27年の歳月は、想像を絶するような心の変遷と「自分」というものへの問いかけの連続であった。

人は見た目だけでなく、内面も含めて、それぞれに「色」がある。

そこを尊重し合わないかぎり、なかなか交わることはできない。

色が違うことを認め合わず、自分の色を押し付けようとしたり、逆に周りの色に無理やり染まろうとしたりするから、そこに溝や軋轢が生まれる。

彼の半生をとおして、そのリアルをここに込めました。

鈴木武蔵という1人の人間を、ありのままの「色」をこれからも見つめていきたいと思います。

ノンフィクションライター　安藤隆人

鈴木武蔵（すずき・むさし）

1994年2月11日、ジャマイカのモンテゴベイ生まれ。ジャマイカ人の父と日本人の母をもち、2000年、小学校の入学に合わせ日本の群馬県太田市に移住。中学校時代はFCおおたジュニアユースでプレーし、地元の桐生第一高校に進学。高校1年時は基礎練習に明け暮れ公式戦不出場も、2年時にはU-16日本代表に選出。翌2011年、メキシコで開催されたFIFA U-17ワールドカップに出場し、18年ぶりのベスト8に進出した。3年時には、桐生第一高校として初の全国高等学校サッカー選手権大会に出場。初戦でハットトリックを達成するなどベスト8進出に大きく貢献。高校卒業後はJ1のアルビレックス新潟に加入。2015年8月にJ2の水戸ホーリーホックにレンタル移籍。2016年に新潟に復帰すると、リオデジャネイロ五輪のアジア最終予選に出場し、五輪の出場権獲得に貢献。8月の五輪本戦では2試合に出場して1ゴールを挙げた。2017年8月からはJ2の松本山雅FCに半年間のレンタル移籍。2018年、J1に昇格したばかりのV・ファーレン長崎に完全移籍するとストライカーとしての能力が開花し、シーズン11ゴールをマーク。2019年にはJ1の北海道コンサドーレ札幌に完全移籍し、キャリアハイとなるシーズン13ゴールを決め、日本代表に初選出された。2020年もコンスタントにゴールを奪い、同年8月にベルギー1部リーグのKベールスホットVAへ移籍。海外の厳しい環境のなかで研鑽を積み、日本代表でも中心選手として活躍が期待されている。

ツイッター
@ musatoro

インスタグラム
@ musatoro0211

STAFF
構　成　安藤隆人
装　丁　須永英司(grass road)
帯写真　Lucas Marinus
本文写真　個人所有　Hokkaido Dream
校　正　月岡廣吉郎　安部千鶴子(美笑企画)
組　版　キャップス
編　集　苅部達矢(徳間書店)

ムサシと武蔵

第1刷　2021年2月28日
著　者　鈴木武蔵
発行者　小宮英行
発行所　株式会社徳間書店
〒141-8202 東京都品川区上大崎3-1-1 目黒セントラルスクエア
電話／編集 03-5403-4344　販売 049-293-5521
振替／00140-0-44392
印刷・製本　大日本印刷株式会社

ISBN978-4-19-865205-0